# HIER BEWEGT SICH WAS

Alle hier vorgeschlagenen Übungen und Spielideen wurden von der Autorin und vom Verlag sorgfältig erwogen und geprüft. Dennoch erfolgt ihre Durchführung auf eigene Gefahr und entbindet die Übungsleiterinnen und Übungsleiter nicht von der Beachtung individueller Gefahrenmomente und der Planung entsprechender Sicherheitsmaßnahmen.

Eine Haftung der Autorin bzw. des Verlags und seiner Beauftragten ist ausgeschlossen.

# Hier bewegt sich was

Eltern-Kind-Turnen und Kinderturnen
in Kindergarten, Schule und Verein

## Rund um den Ball

Redaktion: Susanne Jung
Illustrationen: Svetlana Unger

Meyer & Meyer Verlag

Redaktion:
Susanne Jung

Autoren:
Susanne Jung
Rouven Mederer
Daniela Schmidt
Heike Schnoor
Alex Zöller

Illustrationen: Svetlana Unger
E-Mail: SvetlanaUnger@gmx.de

Papier aus nachweislich umweltverträglicher Forstwirtschaft.
Garantiert nicht aus abgeholzten Urwäldern!

**Rund um den Ball**

Bibliografische Information der Deutschen Nationalbibliothek
Die Deutsche Nationalbibliothek verzeichnet diese Publikation in der Deutschen
Nationalbibliografie; detaillierte bibliografische Details sind im Internet über
<http://dnb.d-nb.de> abrufbar.

Alle Rechte, insbesondere das Recht der Vervielfältigung und Verbreitung sowie das
Recht der Übersetzung, vorbehalten. Kein Teil des Werkes darf in irgendeiner Form –
durch Fotokopie, Mikrofilm oder ein anderes Verfahren – ohne schriftliche Genehmigung
des Verlages reproduziert oder unter Verwendung elektronischer Systeme verarbeitet,
gespeichert, vervielfältigt oder verbreitet werden.

© 2009 by Meyer & Meyer Verlag, Aachen
Adelaide, Auckland, Budapest, Cape Town, Graz, Indianapolis,
Maidenhead, Olten (CH), Singapore, Toronto
Member of the World
Sport Publishers' Association (WSPA)
Druck und Bindung: B.O.S.S Druck und Medien GmbH
ISBN 978-3-89899-481-1
E-Mail: verlag@m-m-sports.com
www.dersportverlag.de

# INHALT

| | |
|---|---|
| **LIEBE LESERINNEN UND LESER!** | 7 |
| **LIEDER** | 8 |
| Alle Kinder ham 'nen Ball | 9 |
| **FINGERSPIELE UND SPRECHRHYTHMEN** | 10 |
| Kleine Bälle, große Bälle | 11 |
| Der rollende Ball | 12 |
| Fünf Freunde spielen mit dem Ball | 13 |
| **BEWEGUNGSGESCHICHTEN** | 14 |
| In der Dosenfabrik | 15 |
| Katzenbabys | 16 |
| **KLEINGERÄTE – ÜBLICHE UND UNGEWÖHNLICHE** | 18 |
| Gespenster-Luftballons | 19 |
| Luftballon-Matratze | 22 |
| Spiele und Übungen mit dem Pezziball | 23 |
| Ausweichmanöver; Bällejagd; Triff die Matte | 24 |
| Spiele und Übungen mit dem U-Tube | 25 |
| **WAHRNEHMUNG UND ENTSPANNUNG** | 28 |
| Heiße Kartoffel | 29 |
| Vogelnetz-Trampolin | 30 |
| Karussellmassage | 31 |
| Bällebad | 32 |
| Ballmassage | 33 |
| **MUSKELKRÄFTIGUNG** | 34 |
| Dehnen und Kräftigen | 35 |

## GROSSGERÄTE UND BEWEGUNGSLANDSCHAFTEN ... 37
Ballparcours ... 38
Biathlon ... 40
Hallen-Minigolf ... 43

## KLEINE SPIELE FÜR DIE KLEINEN ... 50
Springende Bälle ... 51
Tanzende Tischtennisbälle ... 52
Gesichter treffen ... 53
Wäscheleine räumen ... 54
Futtersuche ... 55
Das Reich des Königs ... 56
Hand, Kopf oder Fuß? ... 57

## KLEINE SPIELE FÜR DIE GROSSEN ... 58
Ballsuche ... 59
Schnupfenhexe ... 60
Müllabfuhr ... 61
Sanitäter ... 63
Dodgeball ... 65
Schatzräuber ... 67

Zombie-Ball ... 70
Ball über die Schnur ... 72
Königsball ... 74
In der Höhle des Löwen ... 76
Berühr-Linienball ... 78
7-m-Brennball ... 80
Last Man Standing ... 82
Alaska-Baseball ... 88

## KREATIVECKE ... 86
Flatterball ... 87
U-Tube ... 88
Monster-Sockenbälle ... 89
Knautschbälle ... 91

## KURZPORTRAIT DES AUTORENTEAMS ... 92

# Liebe Leserinnen, lieber Leser!

Diese **PIPO**-Ausgabe behandelt keinen Themenbereich wie die vorherigen Bände, sondern stellt ein Gerät in den Mittelpunkt – den Ball. Bälle sind in jeder Turnhalle zu finden, haben einen hohen Motivations- und Aufforderungscharakter für Kinder jeden Alters und bieten tolle, interessante Einsatzmöglichkeiten.

Nicht zuletzt durch die Vielfalt der Bälle und deren unterschiedliche Flug-, Prell- und Rolleigenschaften lassen sich sämtliche Spiele durch die richtige Ballwahl den Leistungsvoraussetzungen und dem Können der Kinder anpassen. Auf diese Weise können Spiele abwechslungsreich gestaltet werden.

In dieser **PIPO**-Ausgabe möchten wir einerseits verschiedene Spielideen vorstellen, andererseits möchten wir aber auch zeigen, dass Bälle nicht immer in ihrer ureigenen Verwendung eingesetzt werden müssen. So widmen wir zum Beispiel der „Muskelkräftigung" und der „Wahrnehmung" jeweils ein Kapitel mit verschiedenen Tipps für den Turnstundenalltag.

Der Bereich „Kleine Spiele" ist in dieser Ausgabe in zwei unterschiedliche Kapitel aufgeteilt, die sich an verschiedene Altersgruppen richten. „Kleine Spiele für die Kleinen" heißt das Kapitel, in dem Spielideen vorgestellt werden, die vor allen Dingen im Eltern-Kind-Bereich bzw. mit Kindern, die noch nicht (gut) werfen und fangen, gespielt werden können. Die Ideen im Kapitel „Kleine Spiele für die Großen" hingegen erfordern ein gutes Ballgefühl, schulen die Fertigkeiten Werfen und Fangen und können sowohl bei Kindern im Grundschulalter als auch bei älteren Kindern eingesetzt werden.

Verschiedene Aufbauten, die zum zielgerichteten Werfen einladen, die aber auch zur Verbesserung der Auge-Hand-Koordination beitragen, finden sich im Kapitel „Großgeräte und Bewegungslandschaften".

Nicht fehlen dürfen in dieser Ausgabe einige interessante Basteltipps für das Herstellen eigener Wurfgeschosse und Spielgeräte.

Viel Spaß beim Spielen und Üben mit dem Ball wünscht
**PIPO** und das Autorenteam

# LIEDER

Diesem Lied wurde die Melodie eines sehr bekannten englischen Songs zugrunde gelegt. Die Strophen sind beliebig zu erweitern. Durch das Einsetzen der Namen der Kinder wird das Lied schnell zu „ihrem" persönlichen Hit.

# ALLE KINDER HAM 'NEN BALL

– Idee: Daniela Schmidt –
Melodie: Old Mc Donald had a farm

Der....... (Name eines Kindes einsetzen)
hat 'nen Fußball, hiha hiha ho,
schießt hier ein Tor, schießt da ein Tor,
hier ein Tor, da ein Tor, überall ein Tor-Tor.

**Refrain:**
*Alle Kinder ham 'nen Ball, hiha hiha ho.*
*Spielen Ball-Ball hier, spielen Ball-Ball da,*
*hier ein Ball, da ein Ball, überall Ball-Ball.*

Die ... (z. B. Lilli) hat 'nen Gummiball, hiha hiha ho.
Der hüpft boing-boing hier,
der hüpft boing-boing da.
Hier ein Boing, da ein Boing, überall boing-boing.

**Refrain**

Der (... Justus ...) hat 'nen Ping-Pong-Ball, hiha hiha ho.
Der macht klack-klack hier,
der macht klack-klack da.
Hier ein Klack, da ein Klack, überall klack-klack.

**Refrain**

Die (... Jenny ...) hat 'nen Igelball
hiha hiha ho.
Der macht piecks-piecks hier,
der macht piecks-piecks da.
Hier ein Piecks, da ein Piecks,
überall piecks-piecks.

**Refrain**

# Fingerspiele und Sprechrhythmen

Rund um den Ball drehen sich auch die Fingerspiele und Sprechrhythmen, die in diesem Kapitel vorgestellt werden. Sie richten sich vornehmlich an die allerjüngsten Turnstundenkinder.

# Fingerspiele und Sprechrhythmen

## Kleine Bälle, große Bälle

– Idee: Heike Schnoor –

Kleine Bälle, große Bälle
*Mit den Händen zeigen*

hüpfen können sie alle.
*Auf der Stelle hüpfen*

Sind sie dann weggerollt,
*Weglaufen*

fangen wir sie in der ganzen Halle
*Eltern oder Übungsleiter fangen die Kinder.*

FINGERSPIELE

# DER ROLLENDE BALL

– Idee: Heike Schnoor –

## HINWEIS:

Dieser Sprechrhythmus eignet sich besonders gut für den Einsatz bei den Jüngsten. Durchgeführt werden sollte diese kleine Ballmassage mit einem Tennisball oder Flummi.

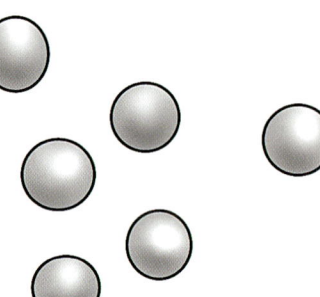

Bällchen will nach oben rollen,

über die Füßchen, Beine, Bauch und auch Brust.

Über den Kopf und Haare,

den ganzen Rücken wieder runter, über Popo und die Beine –

das macht Laune und auch Lust.

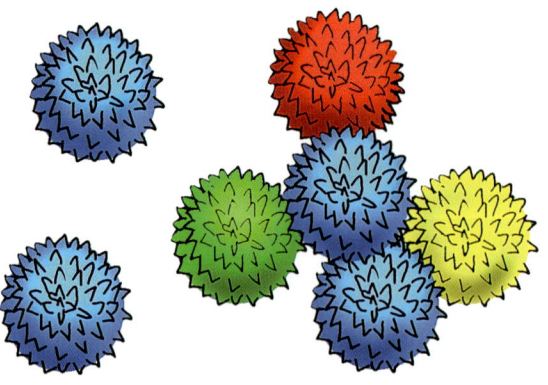

# Fünf Freunde spielen mit dem Ball

– Idee: Daniela Schmidt –

Das erste Kind sagt: „Hui, ist der leicht!",
und wirft ihn gleich hinauf ganz weit.

Das zweite Kind ruft hinein:
„Ich möchte auch mal an der Reihe sein!"

Das nächste Kind gibt dazu:
„Wenn zwei sich streiten, freut sich der Dritte!",
– und geht schon in ihre Mitte.

Das vierte Kind kommt herbei:
„Was ist das denn hier für eine Streiterei?"

Das fünfte Kindlein kommt dazu
und sie beschließen im Nu,
zu spielen mit dem Ball ganz fein
und wollen immer Freunde sein.

So spielen sie ganz wunderbar,
bis in die Nacht ganz sternenklar.

# Bewegungsgeschichten

„In der Dosenfabrik" werden die frisch geernteten Erbsen verarbeitet und in Dosen verpackt. Dazu werden Pezzibälle eingesetzt.

Gymnastikbälle finden ihren Einsatz in der Bewegungsgeschichte „Katzenbabys", bei der verschiedene Eigenschaften des Balls, wie Rollen und Prellen, erprobt werden.

# Bewegungsgeschichten

## In der Dosenfabrik

– Idee: Heike Schnoor –

„Heute haben die Bauern ganz viele Erbsen, die sie geerntet haben, zu der Fabrik gebracht, damit sie verpackt und dann weiterverkauft werden können.

Zuerst werden die Erbsen gewogen *(Kinder legen sich bäuchlings auf den Pezziball und versuchen, Arme und Beine wegzustrecken)*, danach kommen sie auf ein Laufband, *(mehrere Pezzibälle nebeneinander an die Wand und eine Bank davorstellen)*, wo sie gewaschen werden.

Das Sortieren der kleinen grünen Dinger ist auch sehr wichtig *(Medizinbälle werden unter einen Weichboden gelegt)*, nur die guten kommen in die Dose *(Kinder sitzen auf dem Pezziball und hüpfen)*. Die Dose wird ordentlich geschüttelt, damit auch viele Erbsen hineinpassen. Mit einem „Plopp" wird die Konserve verschlossen *(Kinder prellen den Ball)*.

Damit man auch weiß, was darin ist, müssen die Metalldosen noch etikettiert werden *(Kinder rollen bäuchlings auf dem Ball weit vor und zurück)*.

Nun ist die Dose fertig und kann bis zum Supermarkt gerollt werden." *(Kinder rollen den Pezziball durch einen Parcours)*

Die Kinder können darauf balancieren oder auch liegen, während andere Kinder an der Matte etwas hin- und herschieben.

# Katzenbabys

*– Idee: Heike Schnoor –*

## Material:

Gymnastikbälle (für jedes Kind einen)

## Durchführung:

Alle Kinder bekommen einen Gymnastikball. Dieser wird in ein Katzen- oder Hundebaby verzaubert. „Ene-mene Katzenschreck, alle Bälle sind nun weg. Was wir hier nun sehen, sind kleine Babys, die können noch gar nicht gehen."

Die Babys werden in den Arm genommen und gestreichelt, danach hin- und hergeschaukelt und dann im Kreis gedreht. Vorsichtig wird das Kätzchen auf den Boden getippt und dann wieder bis in den Himmel gehoben. Die Katzen wollen danach um den Körper herumklettern – linksherum und rechtsherum. Ganz leicht kann man das Baby werfen und auf jeden Fall wieder fangen, da sich die Babys sonst wehtun. Auf der Hand balancieren mögen sie auch gerne, aber sie sollen nicht herunterfallen.

Nun können die Tiere schon etwas laufen, aber sie bleiben noch ganz nah bei Mama und Papa. Sie laufen um die Füße (Kinder rollen den Ball um ihre eigenen Füße) herum, um jeden einzelnen, dann um beide Füße und später in Achterform.

Die Babys werden älter und auch frecher, nun laufen sie weiter weg (Ball wird weggerollt), sodass die Katzenmama schnell hinterherlaufen muss, um das Baby wieder einzufangen.

# BEWEGUNGSGESCHICHTEN

Die Kleinen wollen so gerne spielen gehen. Die Tiermamas und -papas setzen sich zu zweit gegenüber im Grätschsitz. Nun dürfen die Kleinen hin- und herrollen und vor Freude auch ein bisschen springen. Fällt euch sonst noch ein Spiel mit den Katzen ein?

Als sie dann immer älter werden, rennen sie schnell weg, sodass die Eltern hinterherrennen müssen, um sie zu fangen. Manchmal springen die Eltern auch über die Kinder und manchmal springen die Tiere höher als ihre Eltern. Aber irgendwann haben sie so viel getobt, dass sie sich nun in einer Kiste ausruhen wollen.

# KLEINGERÄTE – ÜBLICHE UND UNGEWÖHNLICHE

Hier stehen Ideen mit Luftballons und Pezzibällen im Vordergrund. Diese Spielideen eignen sich besonders für jüngere Kinder.

Durch ihre langsame Flugeigenschaft bietet sich der Einsatz von Luftballons besonders gut im Kleinkinderbereich an. Ihre bunten Farben schaffen zusätzliche Motivation. So bekommen die Kinder ein Gefühl für fliegende Gegenstände und können langsam an das zielgerichtete Fangen herangeführt werden.

Ein außergewöhnliches Spielgerät für Kinder ab dem Grundschulalter ist das U-Tube, das in besonderem Maße die Koordination der Kinder fördert und erfordert. Die Bauanleitung dazu steht auf Seite 88!

**KLEINGERÄTE**

# GESPENSTER-LUFTBALLONS

– Idee: Heike Schnoor –

## MATERIAL:

- Luftballons
- in Streifen geschnittene Plastiktüten
- Eddings
- vier Bänke

## VORBEREITUNG:

Die Kinder pusten weiße Luftballons auf und knoten sie zu. Daran werden in Streifen geschnittene Plastiktüten geknotet. Mit dem Edding wird ein Gesicht auf den Luftballon gemalt und schon ist das Gespenst fertig.
Die Gespenster werden auf eine Fläche, die mit vier Bänken abgegrenzt ist, gelegt.
Der Übungsleiter erzählt die Geschichte, während die Kinder das Gesagte in Bewegung umsetzen.

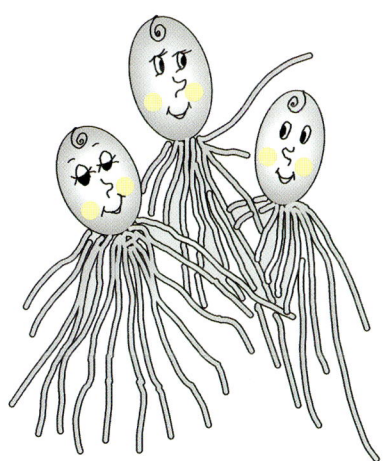

 KLEINGERÄTE

## GESCHICHTE:

Lotte und Lars wollten schon immer mal Gespenster erleben. In der Nähe ihrer Stadt liegt das Schloss Eulenstein. Dort soll es spuken, sagt man. Das wollen die zwei heute erkunden.
Sie treffen sich nachmittags und laufen los. Als sie am Schloss ankommen, müssen sie erstmal über die Schlossmauer klettern und stehen im Garten des Schlosses. Da ist ein Irrgarten und sie müssen viele Wege nach links und dann nach rechts und wieder geradeaus laufen.
Endlich haben Lars und Lotte die große Eingangstür gefunden. Aber was ist das? Die Tür ist auf. Ob sie wohl wirklich hineingehen sollen? „Aber ja, wir sind doch mutig und wollen die Gespenster sehen", sagt Lotte und stößt die Tür auf.

In der großen Halle ist es recht dunkel, nur das Licht von der offenen Tür fällt hinein. Es ist kaum zu glauben, die Gespenster haben sich gar nicht zum Schlafen versteckt, sondern liegen ganz still auf dem Boden und sehen völlig harmlos aus.
 Ganz vorsichtig gehen Lotte und Lars zu den Schlafenden und versuchen, keinen zu berühren oder gar aufzuwecken. Aber sie scheinen wirklich sehr tief zu schlafen, denn als die Kinder schneller laufen, werden sie nicht wach.

Nun versuchen sie, die Geister anzupusten, die bewegen sich zwar, schlafen aber trotzdem weiter. Dann tippen sie die Gespenster an – erst vorsichtig, dann immer fester.

„Wollen wir einen auf den Arm nehmen?", fragt Lars. Sehr, sehr vorsichtig nimmt sich jeder ein Gespenst und balanciert es auf der Hand, dann auf den Fingern. „Bloß nicht herunterfallen lassen", flüstert Lotte und probiert dann, das Gespenst auf dem Arm und auf dem Bein zu balancieren.
 Als auch das die Geister nicht weckt, werden sie mutiger und werfen die Schlaf-

mützen in die Höhe, aber sie achten immer darauf, dass sie sie wieder fangen.

Immer wilder wird das Werfen. „Alle Gespenster sollen in der Luft sein", ruft Lars. „Keines soll mehr den Boden berühren!" Sie kommen ganz schön außer Puste und durch Zufall merkt Lotte, dass schaurige Musik entsteht, wenn sie den Finger auf dem Gespenst reibt.

Nun erklingt ein richtiges Gespensterkonzert. Den Kindern wird es mulmig zumute und sie beschließen, nun doch lieber das Schloss wieder zu verlassen.

Sie rennen schnell hinaus, durch den Irrgarten mit all seinen Abbiegungen, dann über die Mauer zurück bis nach Hause. Lotte und Lars sind richtig stolz, dass sie sich getraut haben, die Gespenster zu besuchen und nun wissen sie auch, dass es in Schloss Eulenstein spuken kann – aber nur, wenn die Gespenster nicht schlafen.

# LUFTBALLON-MATRATZE

– Idee: Heike Schnoor –

## MATERIAL:

- Bettbezug
- viele aufgeblasene Luftballons

## VORBEREITUNG:

In einen Bettbezug werden so viele aufgeblasene Luftballons gesteckt, bis der Bezug prall gefüllt ist.

## EINSATZ:

Auf diese Luftmatratze können sich die Kinder legen und entspannen.

KLEINGERÄTE

# SPIELE UND ÜBUNGEN MIT DEM PEZZIBALL

– Idee: Susanne Opitz –

Die Kinder gehen in Dreiergruppen zusammen. Während ein Kind mit bzw. auf dem Ball turnt, passen die anderen auf, dass der Ball nicht wegrollt (dient der Vermeidung von Verletzungen!).

- Bäuchlings auf den Ball legen, Hände greifen auf den Boden, nach vorne und hinten stützeln.

- Bäuchlings auf den Ball legen, Arme und Beine bilden mit dem Körper eine Linie. Wer schafft es, sich in dieser Position im Gleichgewicht zu halten?

- Rückenlage, Beine angewinkelt, Unterschenkel auf dem Ball: Die anderen Kinder versuchen nun vorsichtig, den Pezziball nach links und rechts wegzurollen. Das liegende Kind hält den Ball durch Herunterdrücken der Unterschenkel fest. Dabei sollte die Lendenwirbelsäule auf dem Boden aufliegen (Partnerkontrolle!).

- Kinder laufen durch die Halle und rollen den Ball vor sich her (Variation: Slalom laufen lassen, nur auf den Linien laufen usw.).

KLEINGERÄTE

## AUSWEICHMANÖVER

Das Spielfeld wird mit Bänken abgegrenzt. Die Bänke sollten dazu auf die Seite gelegt werden. Es empfiehlt sich, das Feld in einer Hallenecke aufzubauen, da so nur zwei Seiten mit Bänken begrenzt werden müssen.

Die Kinder bewegen sich innerhalb dieses Feldes. Die Übungsleiterin lässt nun mehrere Pezzibälle durch das Spielfeld rollen. Wer schafft es, durch das Feld zu laufen, zu hüpfen, zu krabbeln …, ohne von dem Ball getroffen zu werden?

## BÄLLEJAGD

Die Kinder rollen ihren Ball durch die Halle. Dabei versuchen sie, die Bälle der anderen Kinder wegzurollen. Wer schafft es, den eigenen Ball nicht zu verlieren?

## TRIFF DIE MATTE

An den Hallenseiten wird jeweils ein Weichboden aufgestellt (bitte gegen das Umfallen entsprechend sichern!). Es werden zwei Mannschaften gebildet, die versuchen, den Pezziball gegen die gegnerische Matte rollen zu lassen. Es gibt vor der Matte eine Torzone, in der immer nur ein Kind als „fliegender Tormann" stehen darf, um den Ball abzuwehren.

# Spiele und Übungen mit dem U-Tube

*– Idee: Rouven Mederer und Alex Zöller –*

Das U-Tube besteht aus einem gebogenen Rohr mit zwei Öffnungen, Bauanleitung siehe Seite 88. Gespielt wird mit einem kleinen, festen Ball (z. B. Bocciaball). Dazu wird das U-Tube an den beiden Seiten festgehalten. Durch Bewegen des Rohres wird der Ball nach oben aus der Öffnung geschleudert. Dieses selbstgebaute Sportgerät schult in besonderem Maße die Auge-Hand-Koordination.

## Einzelübungen:

- Die Kinder versuchen, den Ball aus dem Tube herauszubekommen (erster Schritt!) und eine gerade Flugbahn (zweiter Schritt) nach oben zu erreichen.

- Der Ball soll aus dem einen Ende des Tubes gerade nach oben befördert und mit der anderen Öffnung wieder gefangen werden.

## Übungen zu zweit:

- Ein Kind versucht, den Ball gerade aus dem Tube fliegen zu lassen, sodass ein anderes Kind den Ball fangen kann.

- Ein Kind wirft, das andere versucht, den Ball mit einem Ende des Tubes zu fangen.

- Beide Kinder haben ein U-Tube und versuchen, sich mit dem Tube den Ball zuzupassen und zu fangen.

 KLEINGERÄTE

### SPIELE:

- **Staffelwettkampf:**
  Zwei Mannschaften (Gruppengröße variabel) treten gegeneinander an. Aufstellung in Kreisformation. Ziel ist es, den Ball so schnell wie möglich in der Mannschaft durchzuspielen. Zu Beginn darf sich der erste Spieler den Ball ins Tube legen. Erst wenn der erste Spieler den Ball wieder gefangen hat, ist das Spiel beendet. So ist sichergestellt, dass jeder Spieler 1 x fangen und 1 x werfen muss.

- **Tube-Football:**
  Zwei Mannschaften spielen gegeneinander und versuchen, einen Ball in der Endzone der anderen Mannschaft (eine große Matte oder ein abgestecktes Feld) abzulegen. Jeder Spieler hat ein Tube und kann den Ball damit durch das Spielfeld transportieren. Wird er dabei von einem Gegenspieler berührt, muss er sofort stehen bleiben und den Ball innerhalb von fünf Sekunden zu einem Mitspieler abspielen. Das andere Team versucht, den Ball abzufangen (kein Körperkontakt!). Der Ball darf nur nach vorne oder seitlich gespielt werden. Fällt der Ball auf den Boden, hat die Mannschaft, die zuletzt verteidigt hat, Ballbesitz.

# Wahrnehmung und Entspannung

Im Bereich der Wahrnehmungsschulung bietet der Einsatz von Bällen viele Möglichkeiten.

Die Schulung der kinästhetischen Differenzierungsfähigkeit steht bei dem Spiel „Heiße Kartoffel" im Vordergrund: hier gilt es, durch die optische Antizipation der unterschiedlichen Bälle, das Fangen adäquat anzupassen.
Das „Vogelnetz-Trampolin" ist ein Spiel, das auch hervorragend im Unterricht im Klassenraum durchgeführt werden kann. Es fördert zum einen die Kooperation und Konzentration der Kinder, zum anderen wirkt es entspannend.
Ein Spiel aus dem Bereich der Entspannung ist die „Karussellmassage", das besonders für „Entspannungsanfänger" geeignet ist.

# Heiße Kartoffel

– Idee: Susanne Opitz –

## Material:

- verschiedene Bälle (Soft-, Gymnastik-, Medizin-, Pezzi-, Tennis-, Tischtennisbälle)

## Spielidee:

Die Kinder stehen im Kreis und werfen sich in einer festgelegten Reihenfolge einen Ball zu. Wenn diese Reihenfolge allen Kindern bekannt ist, laufen sie frei in der Halle umher.

Die Übungsleiterin bringt nun nach und nach verschiedene Bälle in Umlauf, die in dieser vorgegebenen Reihenfolge weitergegeben bzw. geworfen werden müssen.

## Variationen:

Die Fortbewegungsart kann bei diesem Spiel beliebig verändert und auf das Stundenziel angepasst werden. Beispiele:

- laufen und den Ball übergeben,
- prellen, den Ball übergeben,
- prellen, den Ball zuwerfen/passen und
- den Ball mit dem Fuß führen.

# WAHRNEHMUNG

## VOGELNETZ-TRAMPOLIN

– Idee: Susanne Opitz –

### MATERIAL:

- Vogelschutznetz (aus dem Baumarkt)
- Tischtennisball

### SPIELIDEE:

Die Kinder sitzen eng im Kreis auf dem Boden und halten ein Vogelschutznetz fest. Das Netz sollte doppelt genommen werden, damit es nicht reißt. Die Kinder sollten darauf hingewiesen werden, dass das Netz beim Spielen nicht kaputtgehen sollte.
Dann wird ein Tischtennisball auf das Vogelnetz gelegt.
Eine weitere Anweisung muss in der Regel nicht gegeben werden, da die Kinder selbstständig Aktionsformen finden.
Wie oft kann der Ball springen? Wie hoch kann er fliegen?

### VARIATIONEN:

- Anstelle des Tischtennisballs kann auch ein kleines Ministofftier verwendet werden.
- Es werden eine Dose und ein kleiner Ball auf das Netz gelegt. Auch hier ist eine Anweisung nicht erforderlich – die Kinder entwickeln unbewusst eigene Spielideen.

# KARUSSELLMASSAGE

– Idee: Susanne Opitz –

## MATERIAL:

- Matten oder Decken
- Alltagsmaterialien wie Korken, Bierdeckel, Pinsel usw.
- verschiedene Bälle (Tischtennis-, Tennis-, Gymnastikbälle)

## SPIELIDEE:

Die Hälfte der Gruppe legt sich in Bauchlage auf die Matten. Die Gegenstände liegen um die Matten verteilt. Die andere Hälfte hat die Aufgabe, die Liegenden mit den Gegenständen zu massieren. Dabei haben die Kinder keinen festen Partner, sondern können selbstständig (oder auf ein Signal des Lehrers hin) wechseln. Welche Materialien sie verwenden und wie sie die Gegenstände einsetzen, ist den Kindern überlassen. Sie sollten aber dazu angehalten werden, „den anderen etwas Gutes zu tun". Nach etwa drei Minuten erfolgt ein Wechsel – jetzt massieren die Liegenden die, die zuerst massiert haben.

## HINWEIS:

Diese Form der Massage eignet sich besonders für Gruppen, die noch keine Erfahrung im Bereich Entspannung und Partnermassage haben. Die Form des Partnerwechsels und die freie Auswahl der Materialien helfen den Kindern, Hemmungen abzubauen.

 **WAHRNEHMUNG**

# BÄLLEBAD

– Idee: Daniela Schmidt –

## MATERIAL:

- 1-2 Bänke, die in einer Ecke so umgekippt werden, dass keine Bälle durchrollen können oder Kastenteile, in die die Bälle gelegt werden.
- so viele und so verschiedene Bälle wie möglich (Soft-, Gymnastik-, Tischtennis-, Tennis-, Medizinbälle)

## DURCHFÜHRUNG:

Gemeinsam mit den Kindern wird der Begriff „Bällebad" erarbeitet. Dann werden mit den Kindern gemeinsam verschiedene Bälle, wie Schaumstoffbälle oder leichte Gymnastikbälle, Tischtennisbälle o. Ä., in die Hallenecke getragen und zwischen Wand und Bank gelegt.
Ist die Ballkiste reichlich gefüllt, kann es mit dem Spielen und Toben darin losgehen.

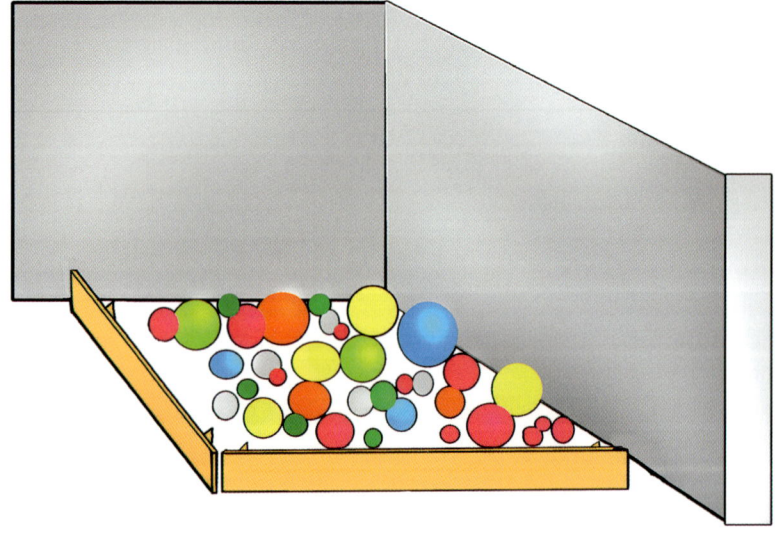

# BALLMASSAGE

– Idee: Daniela Schmidt –

## MATERIAL:

- 1 Pylone zum Markieren der Station
- 2 kleine blaue Matten
- 2 Softbälle
- 2 Tennisbälle
- 2 Igelbälle

## SPIELMÖGLICHKEITEN:

- Im Stehen mit den nackten Füßen die Füße massieren und die Bälle kreisen lassen, um so die verschiedenen Ballsorten zu erkunden.
- Im Sitzen die Hände auf den Bällen kreisen lassen.
- Im Liegen die verschiedenen Bälle auf dem Körper kreisen lassen.
- Mit einem Partner eine Rückenmassage durchführen.

## TIPP:

Für eine Ballmassage mit jüngeren Kindern eignet sich auch der Sprechreim auf Seite 13!

# Muskelkräftigung

Bereits in der vorherigen PIPO-Ausgabe haben wir auf die Bedeutung der Muskelkräftigung für die gesunde Entwicklung des kindlichen Bewegungsapparats hingewiesen.

In diesem Kapitel werden nicht nur Übungen zur Muskelkräftigung vorgestellt, sondern auch zur Dehnung.

Neben der funktionell richtigen Ausführung sollte darauf geachtet werden, eher statische Dehnübungen anzubieten, da bei Kindern mit geringem Körpergefühl dynamische Übungen häufig unfunktionell und unphysiologisch ausgeführt werden.

Der Einsatz des Balls erhöht die Motivation der Kinder einerseits und bietet vielfältige Möglichkeiten andererseits, um Dehnen und Kräftigen den Bedürfnissen der Kinder anzupassen.

# MUSKELKRÄFTIGUNG

## DEHNEN UND KRÄFTIGEN

– Idee: Susanne Opitz und Rouven Mederer –

ABB. 1

Stand mit gegrätschten Beinen, die Knie sind gebeugt, der Rücken sollte möglichst gerade bleiben. Der Ball wird in Form einer Acht um die Beine gekreist (Abb. 1).

- Die Kinder stehen Rücken an Rücken und übergeben sich jeweils abwechselnd auf der linken und rechten Seite den Ball (Abb. 2).

- Die Kinder sitzen im Strecksitz. Der Rücken sollte dabei möglichst aufrecht sein. Der Ball wird nun um die Beine und den Körper entlanggerollt.

- Die Kinder sitzen sich im Schwebesitz gegenüber und halten jeweils einen Ball zwischen den Füßen. Die Hände werden seitlich aufgesetzt, der Rücken sollte möglichst aufrecht bleiben. Die Kinder kreisen nun ihre Beine umeinander (Abb. 3).

- Die Kinder liegen vor einer Wand auf dem Rücken, die Beine sind angewinkelt. Sie heben den Oberkörper an und werfen den Ball gegen die Wand, fangen ihn und legen den Oberkörper wieder ab.

ABB. 2

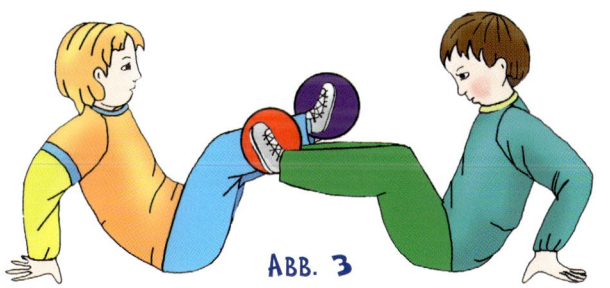

ABB. 3

# MUSKELKRÄFTIGUNG

ABB. 4

- Die Kinder befinden sich im Liegestütz vorlings gegenüber und rollen sich Ball mit einer Hand zu. Dabei muss das Gesäß immer über Schulterhöhe bleiben, um eine Hohlkreuzhaltung zu vermeiden!

- Alle Kinder befinden sich nebeneinander im Liegestütz vorlings. Der Ball wird unter der Reihe durchgerollt. Das letzte Kind nimmt den Ball, läuft an das Ende der Reihe und lässt den Ball wieder rollen.

- Die Gruppe sitzt im Strecksitz hintereinander, die Füße berühren den Rücken des Vordermannes: Nun erfolgt die Ballübergabe über Kopf (Abb. 4).

- Alle Kinder liegen hintereinander in Rückenlage, die Beine sind angewinkelt: Der Ball wird nun von hinten nach vorne überreicht (Sit-up, Abb. 5).

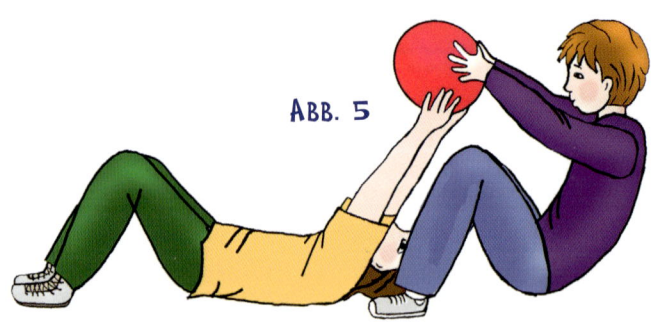

ABB. 5

# Großgeräte und Bewegungslandschaften

Neben verschiedenen Spielen mit Bällen gibt es auch Möglichkeiten, in Gerätearrangements Bälle einzubinden. In diesem Kapitel wird zunächst ein „Ballparcours" vorgestellt, der sich gut mit jüngeren Kindern umsetzen lässt.

Mit dem „Biathlon" wird neben der Schulung des zielgerichteten Werfens auch die Ausdauer gefördert. Durch die Variabilität in Hinblick auf Wurfabstand und Ballauswahl sowie Veränderungsmöglichkeiten bei der Spielfeldgröße kann diese Idee mit Kindern und Jugendlichen jeden Alters durchgeführt werden.

Geschicklichkeit und genaue Auge-Hand-Koordination sind beim „Hallen-Minigolf" gefragt. Über die hier vorgestellten Stationen hinaus können die Kinder natürlich auch dazu ermuntert werden, eigene Minigolfstationen zu bauen. Dazu eignen sich neben den Geräten auch Alltagsmaterialien.

# GROSSGERÄTE

## BALLPARCOURS

– Idee: Heike Schnoor –

### STATION KRIECHTUNNEL

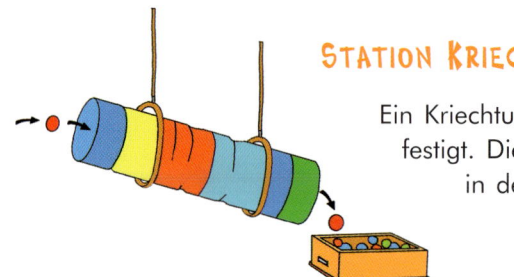

Ein Kriechtunnel wird an den Ringen befestigt. Die Kinder versuchen, die Bälle in den Tunnel zu werfen, der Ball rollt unten in einen umgedrehten kleinen Kasten.

### STATION SLALOM

Mit Slalomstangen wird eine Strecke markiert. Der Ball soll durch den Parcours geprellt werden oder mit den Füßen gerollt werden. Interessant ist es, hierfür einen Pezziball zu verwenden.

### STATION REIFENTREFFEN

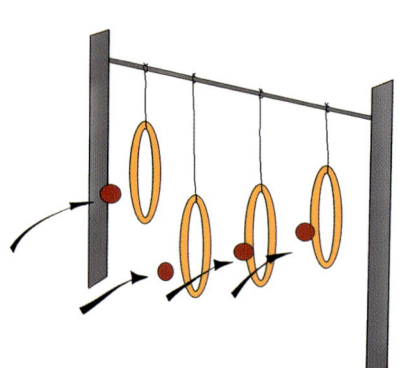

Es werden Reifen in verschiedenen Höhen aufgehängt (z. B. am Reck oder einem Tor), durch die die Kinder Bälle werfen.

# GROSSGERÄTE

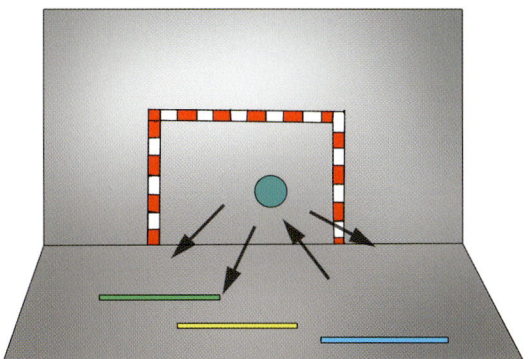

## STATION WANDTREFFER

Vor der Wand werden eine Markierungen geklebt. Die Kinder werfen den Ball an die Wand und fangen ihn wieder.

## STATION EIMERTREFFEN

Zwischen zwei an der Sprossenwand eingehängten Bänken werden Pylonen oder Eimer mit der Öffnung nach oben eingeklemmt. Die Kinder versuchen, in die Pylonen zu werfen. Auch hier ist es interessant, mit verschiedenen Ballarten zu werfen.

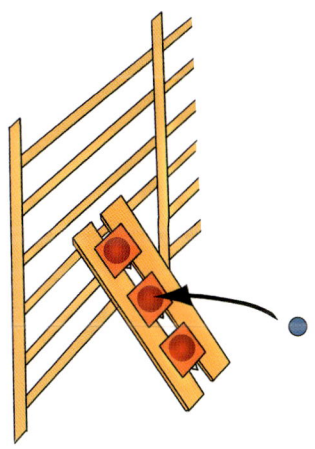

# Großgeräte

## Biathlon

*– Idee: Susanne Opitz und Rouven Mederer –*

### Material:

- Pylonen
- große Kästen
- kleine Kästen
- Tennisbälle in ausreichender Zahl
- Joghurtbecher

**Empfohlene Gruppengröße:** Ab 8-30 Kinder

### Spielvorbereitung:

In der Turnhalle wird ein Biathlonfeld mit Schießstand und Strafrunde (siehe Aufbauplan) aufgebaut. Tennisbälle werden in ausreichender Zahl in die umgedrehten Kästen am Schießstand gelegt. Jeder Mannschaft wird ein Schießstand zugeteilt.

## AUFBAUPLAN:

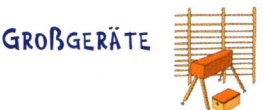

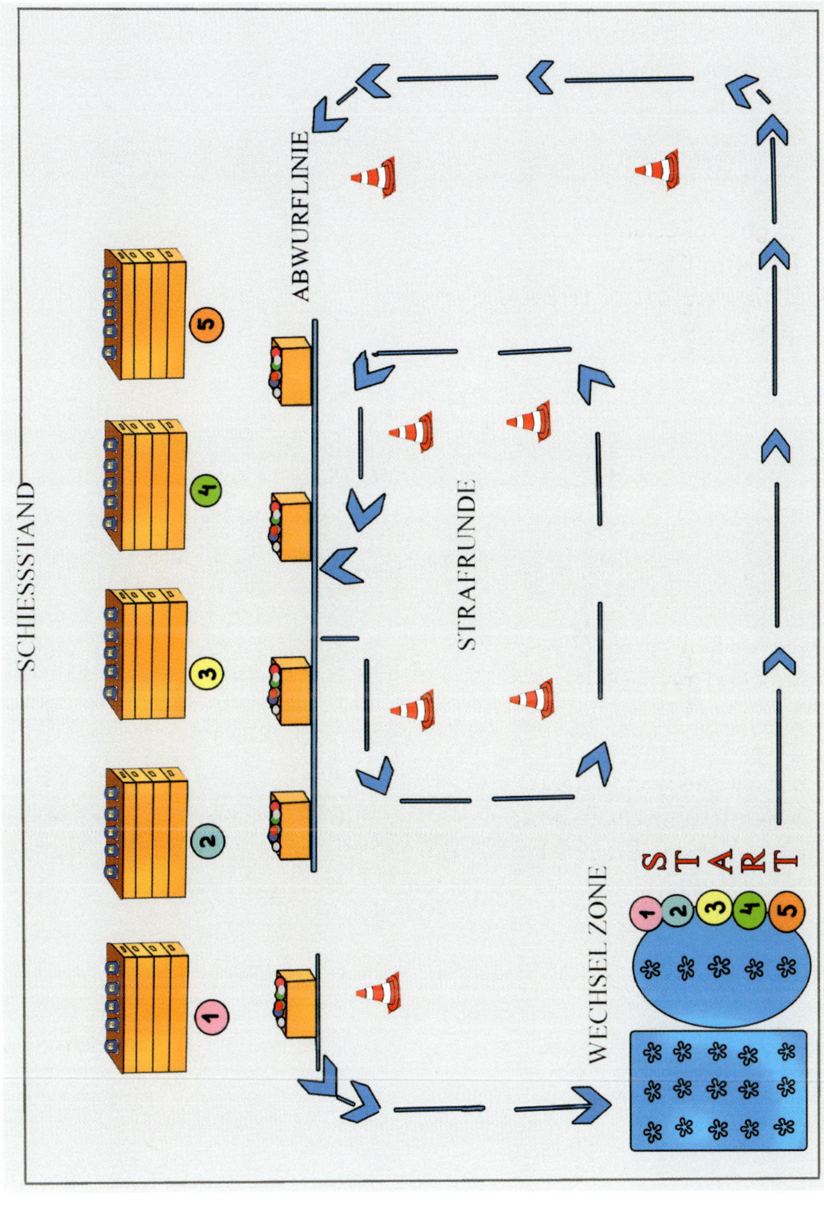
SCHIESSSTAND
1
2
3
4
5
ABWURFLINIE
STRAFRUNDE
WECHSEL ZONE
START
1
2
3
4
5

# GROßGERÄTE

## SPIELABLAUF:

Auf das Startsignal hin starten die Startläufer der Staffeln gemeinsam aus der Wechselzone. Ziel des Spiels ist es, den Schlussläufer zuerst ins Ziel zu bringen. Die Läufer versuchen, möglichst schnell das Spielfeld zu umrunden. Jeder Läufer hat am Schießstand 5 Tennisbälle, mit denen er die Ziele treffen muss. Trifft er alle 5 Ziele, darf er sofort weiterlaufen. Für jedes nicht getroffene Ziel muss er 1 x in die Strafrunde.

## VARIATIONEN:

- Ziel: kleine, mittlere, große Joghurtbecher, Kegel, Pylonen.
- Anzahl der Ziele, Strafrunden verkleinern/vergrößern.
- Wurfgeräte: Tennisbälle, Softbälle, Handbälle, Gymnastikbälle.
- Fortbewegungsart: vorwärts/rückwärts/seitwärts laufen, Zwillingslauf (zwei Schüler fassen sich an den Händen, laufen und werfen gemeinsam), Huckepacklauf.

## TIPPS:

- Kranke Schüler können die getroffenen Becher wieder aufstellen.
- Frühzeitig mit dem Sammeln von Alltagsmaterialien (Joghurtbecher in verschiedenen Größen) beginnen.
- Dieses Spiel kann auch im Freien gespielt werden.

# HALLEN-MINIGOLF

– Idee: Susanne Opitz –

## VORÜBERLEGUNGEN ZUM EINSTIEG:

Minigolf in der Turnhalle? – Kein Problem! Nicht nur Turngeräte, sondern auch Alltagsmaterialien sind hervorragend dazu geeignet, die Kinder eigene Minigolfstationen erfinden zu lassen. Die hier vorgestellten Stationen sind exemplarisch zu verstehen. Hier gilt es, die Aufgaben dem Können der Lerngruppe entsprechend anzupassen, indem die Abschlagslinie verändert oder andere Schwierigkeiten eingebaut werden. Interessant ist auch, unterschiedliche Bälle einzusetzen.

## MATERIAL:

- Tennisbälle
- Hockeyschläger
- Kreppband zum Markieren der Abschlagstelle
- Tüte o. Ä. für die Löcher, damit der Ball nicht im Hallenboden verschwindet!

Die darüber hinaus benötigten Materialien befinden sich auf den jeweiligen Seiten der Stationsbeschreibung.

GROßGERÄTE

## DIE SCHRÄGE

### AUFBAU:

### MATERIAL:

- Bank
- Tuch, Tüte, Glöckchen, Plakat o. Ä.
- Sprossenwand

### AUFGABE:

Der Ball wird an das untere Ende der Bank gelegt und muss gegen das Glöckchen gespielt werden.

# GROẞGERÄTE

## DIE BANDE

### AUFBAU:

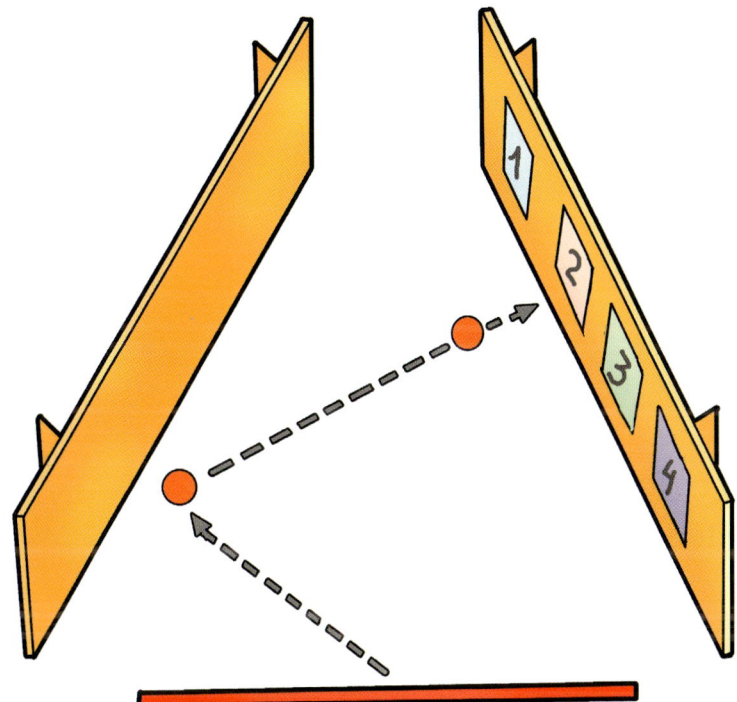

### MATERIAL:

- zwei Bänke
- Ziffern zur Markierung der „Ziellöcher"

### AUFGABE:

Der Ball wird zunächst gegen die linke Bank geschlagen, sodass er abprallt und gegen die Ziffernplakate der rechten Bank rollt.

GROßGERÄTE

# DAS SPRUNGBRETT

### AUFBAU:

### MATERIAL:

- Sprungbrett
- kleiner Kasten
- evtl. Loch einer Reckanlage

### AUFGABE:

Wer schafft es, den Ball vom Sprungbrett aus in das Loch zu schießen?

# GROSSGERÄTE

## DIE BECHERGASSE

### AUFBAU:

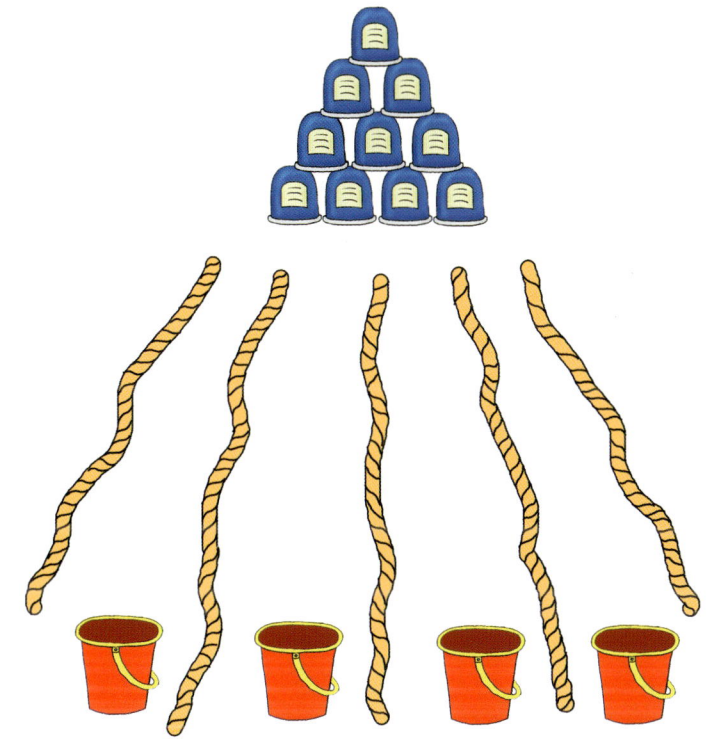

### MATERIAL:

- Blumentöpfe, große Joghurtbecher oder kleine Eimer
- Seile
- kleine Joghurtbecher

### AUFGABE:

Der Ball muss durch die Gasse rollen und dann die Becherpyramide treffen. Wie viele Becher fallen um?

# GROßGERÄTE

## DIE RÖHRE

### AUFBAU:

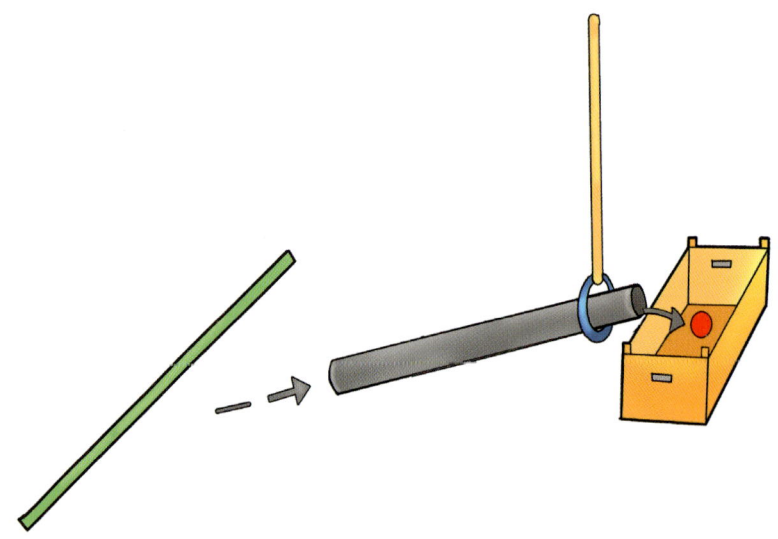

### MATERIAL:

- Tau oder Ringe
- große Pappröhre (z. B. aus Druckerei oder Teppichhandel)
- Seile
- kleiner Kasten

### AUFGABE:

Wer schafft es, den Ball durch das Rohr in den Kasten zu befördern?

# DAS EINLOCHEN

## AUFBAU:

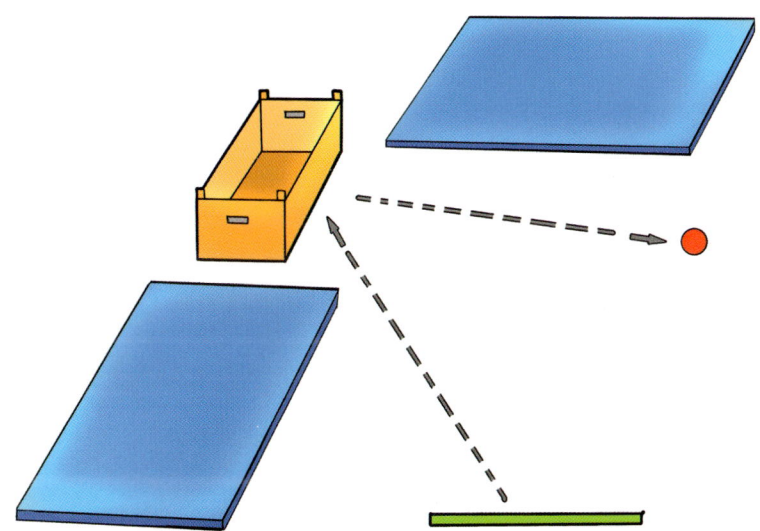

## MATERIAL:

- zwei Matten
- ein Kastenteil
- Loch einer Reckanlage

## AUFGABE:

Schaffst du es, den Ball so gegen den Kasten zu spielen, dass er in das Loch rollt?

# Kleine Spiele für die Kleinen

Die folgenden Spielideen eignen sich besonders für Kinder im Kindergarten- und Vorschulalter, können aber auch mit älteren Kindern gespielt werden.

Während bei den Spielen „Springende Bälle" und „Tanzende Tischtennisbälle" besonders die Kooperation der Kinder untereinander gefragt ist, steht bei dem Spiel „Gesichter treffen" das zielgerichtete Werfen im Vordergrund. Ausdauer und Orientierungsfähigkeit erfordert hingegen die „Futtersuche".

KLEINE SPIELE FÜR DIE KLEINEN

# SPRINGENDE BÄLLE

*– Idee: Heike Schnoor –*

## MATERIAL:

- Schwungtuch
- verschiedene Bälle, wie z. B. Tennis-, Redondo-, Volley-, Gymnastikbälle

Alle Kinder halten das Schwungtuch und üben, das Tuch gleichmäßig hoch- und runterzubewegen und es zu schütteln. Dann werden verschiedene Bälle draufgelegt oder geworfen. Sie sollen hüpfen, im Kreis oder in die Diagonalen rollen.

KLEINE SPIELE FÜR DIE KLEINEN

# Tanzende Tischtennisbälle

*– Idee: Heike Schnoor –*

## Material:

- Schwungtuch
- Tischtennisbälle

Die Kinder halten das Schwungtuch. Es werden viele Tischtennisbälle auf das Tuch geworfen. Die Kinder versuchen, die Bälle vom Tuch herunterspringen zu lassen. Wenn der letzte Ball heruntergesprungen ist, sollen die Kinder so schnell wie möglich die Tischtennisbälle zusammenholen.

# GESICHTER TREFFEN

– Idee: Heike Schnoor –

## MATERIAL:

- Klebeband
- verschiedene Bälle

Die Kinder kleben mit dem Klebeband ein großes Gesicht (mit Augen, Nase, Ohren, Mund, Haaren) an die Hallenwand.
Von einer bestimmten Linie aus werfen die Kinder auf das Gesicht. Alle Teile des Gesichts sollen getroffen werden.

## VARIATION 1:

Die Kinder können auch einen Körper mit dem Klebeband kleben. Auch hier gilt es, die einzelnen Körperteile zu treffen.

## VARIATION 2:

Den einzelnen Körperteilen werden bestimmte Punktezahlen gegeben, je größer der Körperteil, desto weniger Punkte.

Die Kinder sollen auf eine bestimmte Anzahl kommen. Bei den Jüngeren gilt es, alle Teile getroffen zu haben.

# WÄSCHELEINE RÄUMEN

– Idee: Daniela Schmidt –

## MATERIAL:

- Zeitung, Wäschestücke, Putz- oder Spüllappen
- Wäscheleine (oder Wollfaden)
- verschiedene Softbälle

## SPIELIDEE:

In einer Hallenecke wird eine Schnur gespannt. Die Wurfhöhe und das Alter der Kinder werden dabei entsprechend berücksichtigt.
Nun heißt es, schnell die Wäsche aufhängen!

Und schon kommen die Kobolde vorbei und leeren die Wäscheleine. Na, wenn da mal nicht die Wäschefee sauer wird ….

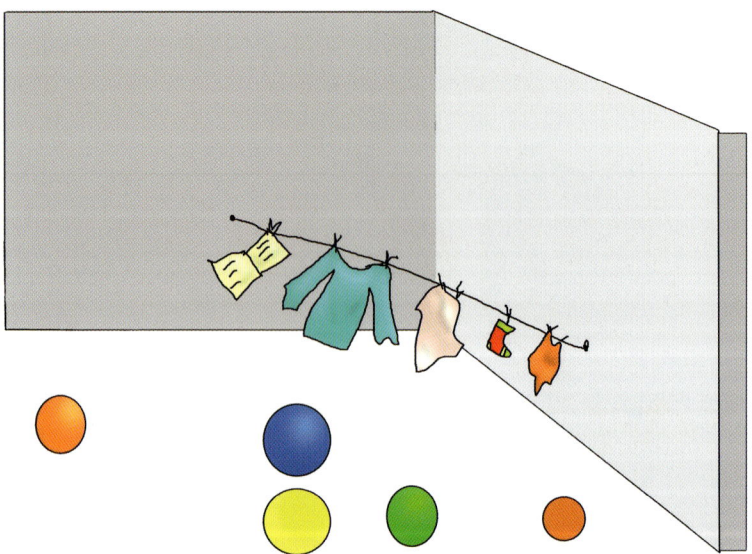

# KLEINE SPIELE FÜR DIE KLEINEN

## FUTTERSUCHE

– Idee: Susanne Opitz –

### MATERIAL:

- vier kleine Kästen
- Kastenoberteil
- möglichst viele, auch verschiedene Bälle

In der Hallenmitte in einem Kasten liegen so viele Bälle wie möglich. Es gibt vier Gruppen (Tierfamilien), die ihr Nest in jeweils einer Ecke haben. Auf ein Kommando laufen die Tiere in die Mitte, jedes darf immer einen Ball nehmen und in sein Nest bringen.

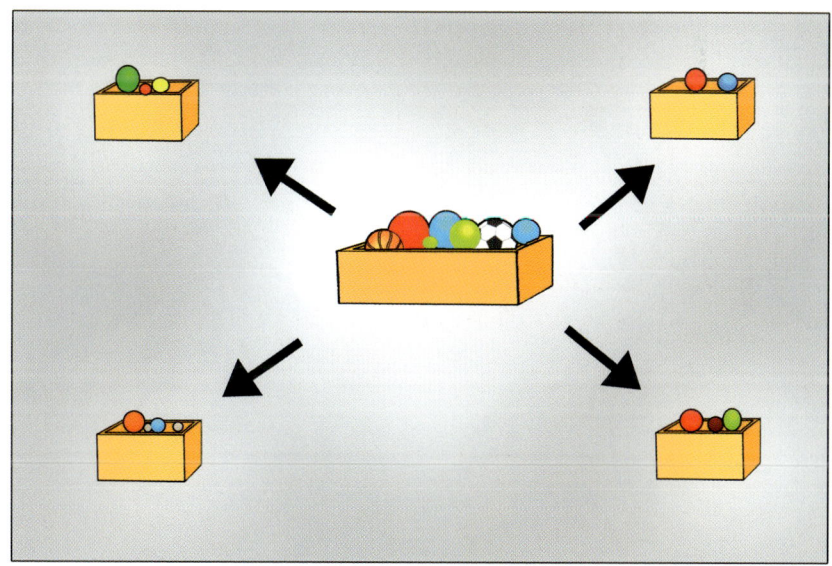

KLEINE SPIELE FÜR DIE KLEINEN

## DAS REICH DES KÖNIGS

– Idee: Daniela Schmidt –

### MATERIAL:

- je nach Anzahl der Kinder 1-2 Bälle
- 1-2 Papierkronen

Der König bewegt sich mit der Krone und dem Ball und gibt Anweisungen, wie sich die Bewohner in seinem Königreich zu bewegen haben.

Hat der König einen Vorschlag gemacht und ist dieser befolgt worden, reicht er die Krone weiter an ein anderes Kind. Dieses Kind ist nun König und das Spiel beginnt von vorne.

Besonders gut eignet sich dieses Spiel zum Abschluss der Stunde.

KLEINE SPIELE FÜR DIE KLEINEN

# HAND, KOPF ODER FUSS?

– Idee: Susanne Opitz –

## MATERIAL:

- für jeden Teilnehmer einen Gymnastikball
- eventuell Kleingeräte für einen Parcours

## SPIELVORBEREITUNG:

Die Kinder bewegen sich mit dem Ball durch die Halle. Die Übungsleiterin hält immer eine Karte hoch, auf der ein Körperteil (Hand, Fuß, Kopf, Bein ...) abgebildet ist. Diese Karte zeigt an, mit welchem Körperteil der Ball berührt werden darf.

Um die Aufgabe zu erschweren, kann auch ein Parcours mit Pylonen, Kästen, Seilen und/oder Wippen aufgebaut werden.

# Kleine Spiele für die Großen

Mit zunehmendem Alter wächst das Bedürfnis der Kinder am gegenseitigen Kräftemessen und Wetteifern. Außerdem wird das Regel- und Taktikverständnis der Kinder zunehmend größer. Daher haben wir den älteren Kindern ein eigenes Kapitel mit vielen interessanten Spielideen gewidmet, die problemlos auch noch bis in den Jugendbereich hinein gespielt werden können.

Um die Kinder an komplexere Spiele heranzuführen, ist es empfehlenswert, zunächst die Regeln auf das Wesentliche zu beschränken und danach weitere Regeln einfließen zu lassen oder diese gemeinsam mit den Kindern zu erarbeiten.

# KLEINE SPIELE FÜR DIE GROSSEN

# BALLSUCHE

– Idee: Susanne Opitz –

## MATERIAL:

- ca. 30 Pylonen
- 10 Tennisbälle
- 10 Tischtennisbälle

## ZUR INFORMATION:

Dieses Spiel wird am besten im Freien gespielt, denn so wird es laufintensiver und dient der Förderung der Ausdauer.

## SPIELABLAUF:

Auf dem Rasen sind 30 Pylonen verteilt. Unter 10 Pylonen befinden sich Tischtennisbälle, unter 10 weiteren Pylonen sind Tennisbälle versteckt.
Es werden zwei Mannschaften gebildet, die die Aufgabe erhalten, entweder die Tennisbälle oder die Tischtennisbälle zu sammeln. Dabei laufen immer zwei Personen einer Mannschaft zusammen zu einem Hütchen ihrer Wahl, schauen darunter und nehmen ggf. den richtigen Ball mit zur Startlinie. Auf diese Weise sind immer alle Kinder in Bewegung. Welche Mannschaft hat zuerst die 10 richtigen Bälle gesammelt?

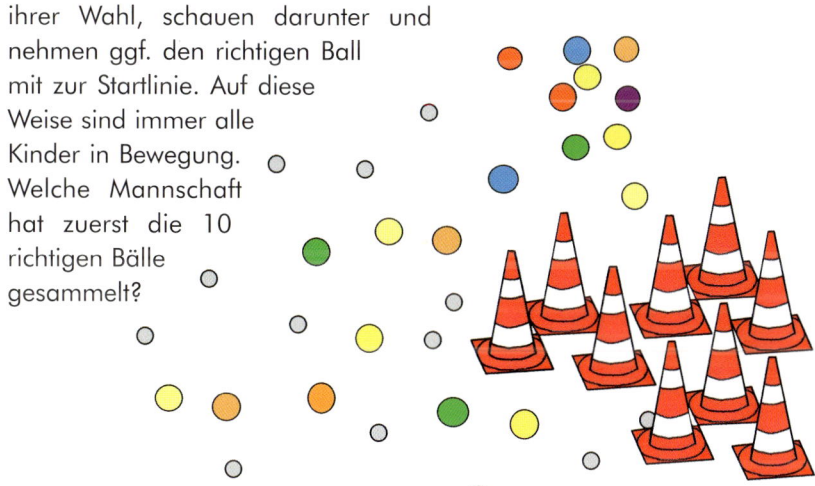

KLEINE SPIELE FÜR DIE GROSSEN

# SCHNUPFENHEXE

– Idee: Susanne Opitz –

## MATERIAL:

- verschiedene Kleidungsstücke, wie Hemden, T-Shirts, Handschuhe, Mütze, Schal …
- Softball

## SPIELIDEE:

Dieses Spiel basiert auf der Spielidee von Völkerball. Es eignet sich gut, um Spielstrategien zu entwickeln und zu diskutieren.

## SPIELABLAUF:

Es werden zwei Mannschaften gebildet, die sich, wie beim Völkerball, in zwei Feldern gegenüberstehen. Die beiden Mannschaften versuchen sich gegenseitig abzuwerfen. Wer getroffen wurde, bleibt im Spielfeld, muss sich aber ein Kleidungsstück anziehen. Er darf keine anderen Kinder mehr abwerfen, kann aber auch nicht mehr getroffen werden. Seine Aufgabe ist es, die eigene Mannschaft vor dem Abwerfen durch den Gegner zu schützen. Das Spiel endet entweder nach einer festgelegten Zeit oder dann, wenn alle Kleidungsstücke vergeben werden mussten. Welche Mannschaft hat am Ende des Spiels die wenigsten Hexen im Spiel?

# KLEINE SPIELE FÜR DIE GROSSEN

# MÜLLABFUHR

– Idee: Rouven Mederer –

## MATERIAL:

- Bänke oder Pylonen
- Bälle
- CD-Player
- flotte Laufmusik

**Empfohlene Gruppengröße:** 14-40 Kinder

## SPIELVORBEREITUNG:

Die Turnhalle wird in der Mitte durch Turnbänke oder Pylonen getrennt. In großen Hallen ist ein Hallendrittel ausreichend. Je nach Gruppengröße werden die Bälle in gleicher Anzahl in beiden Hallenhälften verteilt (für jedes Kind mindestens drei Bälle).

**VORSICHT:** Bei der Auswahl der Bälle bitte auf die Verletzungsgefahr achten!

## SPIELABLAUF:

Zwei Mannschaften spielen gegeneinander und versuchen, den Müll (Bälle) von ihrer Hallenhälfte auf die andere Seite zu transportieren oder zu werfen. Dazu wird Musik gespielt.

Nach einer vorher festgelegten Spielzeit endet die Musik. Nun sammeln die Mannschaften ihren Müll und zählen ihn. Die Mannschaft mit weniger Müll im eigenen Feld hat das Spiel gewonnen.

# KLEINE SPIELE FÜR DIE GROßEN

### VARIATION:

In der Mitte der Halle wird mit Pylonen oder Bänken ein Viereck gebaut. Der ganze Müll befindet sich in diesem Viereck. 1-2 Kinder sind die Müllabfuhrmänner und müssen den Müll aus dem Viereck herauswerfen oder -tragen. Alle anderen Kinder schaffen den Müll wieder zurück ins Viereck. Schafft es die Müllabfuhr, den ganzen Müll herauszubekommen?

# SANITÄTER

– Idee: Rouven Mederer –

## MATERIAL:

- Pylonen
- Bänke
- zwei blaue Turnmatten
- Softbälle (2-6)

**Empfohlene Gruppengröße:** 20-40 Kinder

## SPIELVORBEREITUNG:

Die Spielfeldgröße muss der Anzahl der Mitspieler angepasst werden. Für größere Kinder und Gruppen mit vielen Kindern wird das Spielfeld entsprechend erweitert. Am Ende der Spielfeldhälften liegt jeweils eine blaue Turnmatte. Das Spielfeld ist in der Mitte durch Pylonen geteilt und an der Seite durch Bänke vom Rest der Halle getrennt. Jede Mannschaft bekommt zu Beginn 1-3 Bälle.

## SPIELABLAUF:

Zwei Mannschaften spielen gegeneinander und versuchen, sich abzuwerfen. Getroffene Spieler sind verletzt und müssen sich sofort auf den Boden legen. Zwei Sanitäter aus der eigenen Mannschaft (jeder darf und soll Sanitäter sein!) können den Verletzten nun ins Krankenhaus auf die blaue Matte bringen. Hier wird der Verwundete geheilt und darf wieder am Spiel teilnehmen. Sanitäter dürfen natürlich auch bei Rettungsversuchen abgeworfen werden. Berührt ein geworfener Ball zuerst den Boden oder die Wand und dann den Spieler, ist dieser nicht abgeworfen (Erdball).

KLEINE SPIELE FÜR DIE GROßEN

### WICHTIG:

Verletzte müssen immer zu zweit transportiert werden. Dabei fasst das eine Kind an den Händen (nicht an den Handgelenken) und das andere an den Unterschenkeln (nicht am Knöchel und an der Achillessehne!)

### VARIATIONEN:

- Fängt ein Spieler einen direkt geworfenen Ball, bleibt er im Spiel und der Werfer muss sich verletzt auf den Boden legen.

- In jeder Mannschaft gibt es 1-3 Bodyguards, die nicht abgeworfen können. Sie können ihre Mitspieler vor einem Treffer schützen. Sind alle anderen Spieler abgeworfen, können auch die Bodyguards verletzt werden.

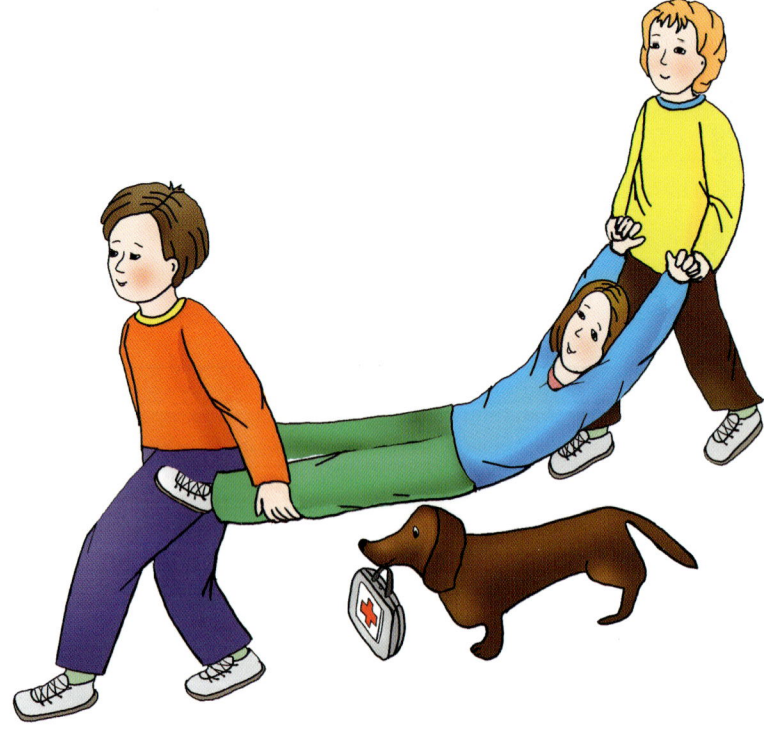

# KLEINE SPIELE FÜR DIE GROßEN

# DODGEBALL

– Idee: Rouven Mederer –

## MATERIAL:

- Bänke
- Pylonen
- offene Pylonen
- Softbälle (2-8)

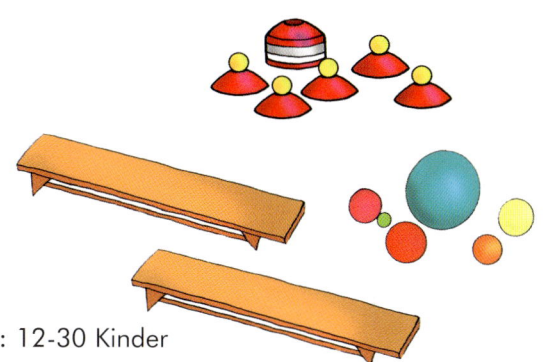

**Empfohlene Gruppengröße:** 12-30 Kinder

## SPIELVORBEREITUNG:

Ein Spielfeld wird in der Mitte mit Pylonen geteilt. Zusätzlich steht an zwei Außenseiten jeweils eine Bank für die abgeworfenen Spieler. Zwei Mannschaften spielen gegeneinander. Die Größe des Spielfelds muss der Gruppengröße angepasst werden (es darf nicht zu groß und nicht zu klein sein – am besten mit verschiedenen Größen ausprobieren!). 2-8 Bälle werden verteilt und jede Mannschaft startet mit der gleichen Anzahl an Bällen. Je mehr Bälle verwendet werden, umso intensiver wird das Spiel.

## SPIELABLAUF:

Zwei gleich große Teams spielen gegeneinander mit dem Ziel, alle gegnerischen Spieler abzuwerfen. Gewonnen hat die Mannschaft, die zuerst alle Gegner abgeworfen hat. Wird ein Spieler von einem Ball getroffen, scheidet er aus und muss auf die Bank. Fängt er jedoch einen direkt geworfenen Ball, bleibt er im Spiel und der Werfer muss auf seiner Bank Platz nehmen. Zusätzlich darf ein Spieler aus der Mannschaft des Fängers wieder ins Spiel zurück. Die einzige Möglichkeit, einen abgeworfenen Spieler wieder zurück ins Spiel zu bringen, besteht darin, einen Ball zu fangen. Berührt ein geworfener Ball zuerst den Boden oder die Wand und dann den Spieler, ist dieser nicht abgeworfen (Erdball).

# Kleine Spiele für die Großen

## Spiel- und Regelvariationen:

- Die Mitte des Spielfeldes ist mit offenen Pylonen (siehe Zeichnung) geteilt und die Spielbälle werden darauf abgelegt. Alle Spieler stehen, sitzen oder liegen in ihrer Spielfeldhälfte auf der Grundlinie. Auf ein Startsignal (Pfiff, Klatschen, Schnipsen …) hin versuchen sie, die Bälle in der Mitte zu erobern. Nach dieser Startphase müssen alle Spieler mindestens 2 m von der Mittellinie zurück (es bietet sich an, eine Linie festzulegen). Anschließend startet das Spiel, wie oben beschrieben.
- Ein Spieler gilt grundsätzlich als abgeworfen, auch wenn er den Ball fängt. Er darf aber mit einem Ball in der Hand einen ankommenden Ball abwehren.
- Ein Kind aus jedem Team ist der Prinz oder die Prinzessin. Wenn er/sie abgeworfen wird, hat die Mannschaft automatisch verloren. Alle anderen Spieler müssen versuchen, ihn zu schützen und im Notfall sich selbst opfern.
- Da es für kleinere Kinder teilweise sehr schwer ist, einen Ball zu fangen, kann die Regel eingeführt werden, dass ein abgeworfener Spieler von der Bank zurück ins Spielfeld darf, wenn ein Mitspieler einen Gegenspieler abgeworfen hat.

KLEINE SPIELE FÜR DIE GROSSEN

# SCHATZRÄUBER

– Idee: Susanne Opitz und Rouven Mederer –

Dieses Spiel bietet Kindern ein hohes Maß an taktischen Möglichkeiten, die sich ihnen im Spielverlauf erschließen: Während die einen versuchen, den Schatz zu beschützen, gilt es für die anderen der Mannschaft, die Gefangenen zu bewachen und das Laufen der Gegner auf die Urlaubsinsel zu verhindern. Gleichzeitig muss jedoch auch versucht werden, den gegnerischen Schatz zu erbeuten …

## MATERIAL:

- 8 blaue Turnmatten als Inseln
- flache Pylonen als Spielfeldmarkierung auf der Mittellinie
- 2 vierteilige Turnkästen
- 2 kleine Medizin- oder Volleybälle

 KLEINE SPIELE FÜR DIE GROSSEN

### SPIELVORBEREITUNG:

Es wird in der ganzen Halle gespielt, jedoch gibt es zwei Spielfelder (Trennung in der Hallenmitte). Der Aufbau ergibt sich aus der nachfolgenden Skizze.

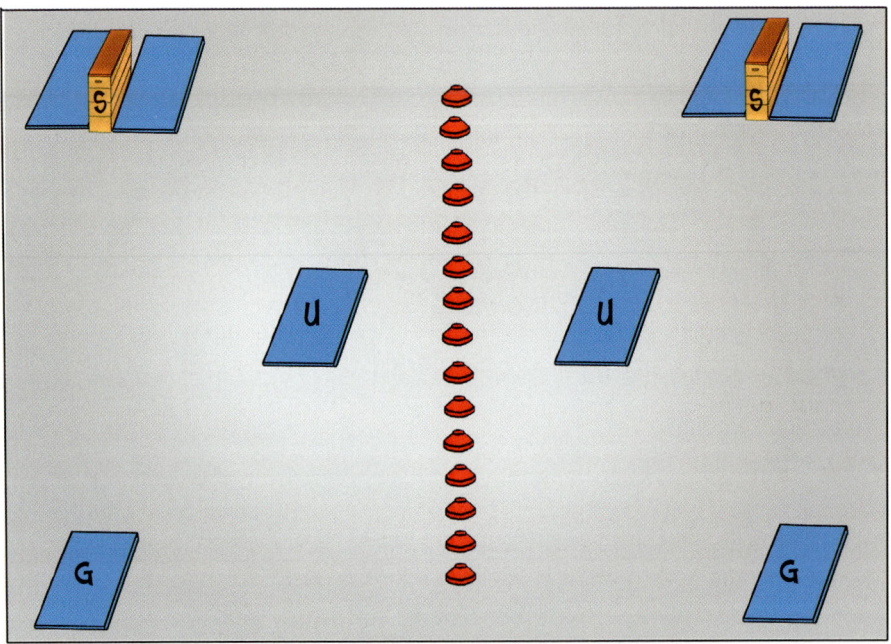

U: Urlaubsinsel, S: Schatzinsel mit Schatz (Ball), G: Gefängnis

### SPIELABLAUF:

Es werden zwei Mannschaften gebildet. Jede Mannschaft hat eine Hallenhälfte, in der sich jeweils eine Schatzinsel (S) mit dem Schatz (Ball) auf einem Turnkasten, mit einer Matte vor und hinter dem Kasten, ein Gefängnis (G) und eine Urlaubsinsel (U) befinden.

Aufgabe ist es, von der Schatzinsel der gegnerischen Mannschaft den Schatz zu rauben. Sobald jedoch ein Spieler das gegnerische Feld betritt, kann er von den Spielern der anderen Mannschaft gefangen werden. Passiert dies, muss er in deren Gefängnis. Alle Spieler auf der Gefängnisinsel können befreit werden, wenn jemand aus der eigenen Mannschaft ungefangen (!) zum Gefängnis läuft und die Insel berührt. Alle Gefangenen dürfen dann in das eigene Feld zurücklaufen und können auf dem Rückweg nicht abgeschlagen werden.

Damit der Weg zur Schatzinsel nicht so weit ist, gibt es die Urlaubsinsel. Hier kann man im gegnerischen Feld verschnaufen, um dann anschließend einen Angriff auf den Schatz zu starten.

Gelingt es einem Spieler, die Schatzinsel zu erreichen, kann er auf ihr nicht gefangen werden. Nun muss er noch den Weg in das eigene Spielfeld schaffen, ohne dabei gefangen zu werden. Dort legt er den Schatz auf die eigene Schatzinsel und damit hat seine Mannschaft gewonnen.

## Variationen:

- Auf jeder Schatzinsel befinden sich 3-5 Schätze. Das Spiel endet, wenn eine Mannschaft keinen Schatz mehr hat.

- Alte Fahrradschläuche dienen als weitere Inseln. Diese Inseln dürfen nur von einer Person besetzt werden.

- Die Anzahl der Personen auf der Urlaubsinsel kann begrenzt werden.

Es kann immer nur ein Gefangener befreit werden und zwar dann, wenn ein eigener Spieler es schafft, ungefangen zum Gefängnis zu gelangen. Dort gibt er einem Gefangenen die Hand und läuft mit ihm gemeinsam in das eigene Hallenfeld zurück. Auf dem Rückweg können die beiden nicht gefangen werden.

 KLEINE SPIELE FÜR DIE GROßEN

# ZOMBIE-BALL

– Idee: Rouven Mederer –

## MATERIAL:

- Bänke als Spielfeldmarkierung
- Softball
- empfohlene Gruppengröße: 10-30 Kinder

## Spielvorbereitung:

Je nach Gruppengröße wird ein Viereck mit Bänken abgesteckt. Alle Kinder stehen im Spielfeld. Es gibt einen Spielball.

## Spielablauf:

Jeder darf den Ball aufnehmen und spielt gegen jeden. Wird ein Spieler (A) getroffen, muss er auf die Bank und sich merken, wer ihn abgeworfen hat (B). Wird nun B selbst abgeworfen, darf A wieder ins Spiel zurück. Das Spiel ist dann zu Ende, wenn ein Spieler alle anderen abgeworfen hat oder eine vereinbarte Zeit verstrichen ist. Dann wird gezählt, wer die meisten auf der Bank sitzenden Spieler abgeworfen hat.

## Regeln:

- Berührt ein geworfener Ball zuerst den Boden oder die Wand und dann den Spieler, so ist dieser nicht abgeworfen (Erdball).

- Mit dem Ball in der Hand darf man nur drei Schritte laufen. Verstößt ein Spieler gegen die Regel, muss er den Ball sofort hinlegen. Bei kleineren Kindern kann die Schrittzahl verändert werden.

- Es ist kein Teamspiel erlaubt. Spieler, die zusammenspielen, werden disqualifiziert.

## Variation:

Fängt ein Spieler einen geworfenen Ball, dann ist er nicht abgeworfen.

KLEINE SPIELE FÜR DIE GROßEN

# BALL ÜBER DIE SCHNUR

– Idee: Rouven Mederer –

## MATERIAL:

- Schnur
- Pylonen
- Volleyball

**Empfohlene Gruppengröße:** 6-10 Kinder

## SPIELVORBEREITUNG:

Mit Pylonen wird ein Spielfeld (Größe je nach Spielerzahl) abgesteckt. In der Mitte des Spielfeldes wird eine Schnur gespannt.

## SPIELABLAUF:

Ziel ist es, den Volleyball so über die Schnur zu werfen, dass er in der Hälfte der anderen Mannschaft nicht aufgefangen werden kann und auf den Boden tippt. Für jeden erfolgreichen Wurf gibt es einen Punkt. In der eigenen Hälfte darf man sich auch mit Ball frei bewegen und gegenseitig zupassen.

Die Mannschaft, die den letzten Punkt nicht erzielt hat, darf den Ball ins Spiel bringen. Sätze können bis 10, 15 oder 21 Punkte gespielt werden. Das Spiel ist vorbei, wenn eine Mannschaft zwei Sätze gewonnen hat.

## KLEINE SPIELE FÜR DIE GROSSEN

### SPIEL- UND REGELVARIATIONEN:

- Damit nicht immer dieselben Kinder werfen, muss jeder aus der Mannschaft 1 x geworfen haben, bevor der erste wieder werfen darf.

- Eine Mannschaft kann nur dann einen Punkt erzielen, wenn sie selbst den Ball ins Spiel bringt.

KLEINE SPIELE FÜR DIE GROßEN

# KÖNIGSBALL

– Idee: Rouven Mederer –

### MATERIAL:

- Basketballkörbe
- zwei Kästen
- Basketball oder Handball

**Empfohlene Gruppengröße:** 10-20 Kinder

### SPIELVORBEREITUNG:

Spielfeld ist das Basketballfeld oder ein mit Pylonen abgestecktes Feld. Wichtig ist, dass an den Enden des Feldes ein Basketballkorb steht. Unter den Basketballkorb wird ein Kasten gestellt. Zwei Mannschaften spielen gegeneinander. Jede Mannschaft stellt einen König auf den Kasten unter dem Korb des Gegners.

### SPIELABLAUF:

Ziel ist es, dem König den Ball so zuzuspielen, dass er ihn fangen kann. Die andere Mannschaft versucht, dies natürlich zu verhindern. Sobald er den Ball erfolgreich gefangen hat, darf er 1 x ungehindert auf den Basketballkorb werfen. Für jeden Treffer bekommt die Mannschaft einen Punkt.

Nachdem der König geworfen hat, wechselt er zu seiner Mannschaft ins Spielfeld und ein anderer Spieler darf die Königsposition einnehmen.

### REGELN:

- Mit dem Ball in der Hand darf sich nur zwei (drei) Schritte bewegt werden.
- Das Prellen des Balls ist verboten.
- Stoßen und Festhalten sind nicht erlaubt (körperloses Spiel).

## Variationen:

- Prellen erlauben, Regel Doppelfang einführen.

- Bevor eine Mannschaft dem „König" den Ball zupassen darf, muss sie zuerst fünf (10) erfolgreiche Pässe innerhalb der Mannschaft gespielt haben.

- Anstatt des Basketballkorbs kann ein Handballtor verwendet werden. Fängt der König den Ball, darf er einen Siebenmeter werfen. Die andere Mannschaft stellt dazu einen ihrer Spieler ins Tor.

KLEINE SPIELE FÜR DIE GROßEN

# IN DER HÖHLE DES LÖWEN

*– Idee: Rouven Mederer –*

## MATERIAL:

- Pylonen
- Parteibänder oder Mannschaftshemdchen
- 2-4 Softbälle

**Empfohlene Gruppengröße:** 20-40 Kinder

## SPIELVORBEREITUNG:

Ein Feld wird in zwei Spielfeldhälften geteilt, die durch eine neutrale Zone voneinander getrennt sind. Diese neutrale Zone darf kein Spieler betreten. Pylonen markieren das Feld. Die Spielfeldgröße muss der Gruppenanzahl angepasst werden. Für größere Kinder und Gruppen mit vielen Kindern wird das Spielfeld entsprechend erweitert. Mannschaften werden gewählt/eingeteilt und sind durch die Parteibänder erkennbar. Ein Spieler jeder Mannschaft steht in der Spielfeldhälfte des Gegners. Jede Mannschaft hat einen Softball.

## SPIELABLAUF:

Die Mannschaften versuchen nun, ihrem Spieler in der gegnerischen Hälfte den Ball zuzuwerfen. Der versucht, sich freizulaufen und den Ball zu fangen. Jedes Team muss natürlich versuchen, geworfene Bälle abzufangen und selbst den Spielern in der anderen Hälfte zuzuwerfen. Wenn ein Spieler in der gegnerischen Hälfte einen Ball fängt, darf der Passgeber auch in die andere Hälfte wechseln.

Bälle müssen immer direkt gefangen werden (ohne Bodenkontakt). Wer hat zuerst die ganze Mannschaft in der Höhle des Löwen?

## KLEINE SPIELE FÜR DIE GROSSEN

### VARIATIONEN:

- Anstelle von Softbällen können auch Tennisbälle, Handbälle, Basketbälle oder Gymnastikbälle verwendet werden. Ebenso kann die Anzahl der Bälle verändert werden.

- Für kleine Gruppen (10-16) kann das Spiel abgeändert werden. Es ist grundsätzlich nur ein Spieler fest in der gegnerischen Hälfte. Für jeden gefangenen Ball bekommt die Mannschaft einen Punkt.

KLEINE SPIELE FÜR DIE GROSSEN

# BERÜHR-LINIENBALL

*– Idee: Rouven Mederer –*

## MATERIAL:

- 4 Pylonen
- Handball

**Empfohlene Gruppengröße:** 16-24 Kinder

## SPIELVORBEREITUNG:

Am Ende der Hallenquerseiten wird jeweils eine Linie (Goallinie) mit Pylonen markiert.

## Spielablauf:

Zwei Mannschaften spielen gegeneinander und versuchen, einen Handball hinter der gegnerischen Goallinie abzulegen. Für jeden erfolgreich abgelegten Ball bekommt die angreifende Mannschaft einen Punkt.

Die abwehrende Mannschaft versucht, dies zu verhindern. Sie kann Pässe innerhalb der gegnerischen Mannschaft abfangen oder den ballführenden Spieler berühren. Ein Spieler, der mit Ball berührt wird, muss sofort stehen bleiben und den Ball abspielen. Nach jedem Punkt wechselt der Ballbesitz.

## Spiel- und Regelvariationen:

- Wird ein Spieler berührt, darf er den Ball innerhalb der Mannschaft nur nach hinten spielen. Wirft er zu einem Spieler, der vor ihm steht, verliert die Mannschaft sofort den Ballbesitz.

- Anstelle eines Handballs kann auch ein Football verwendet werden. Durch seine außergewöhnlichen Flugeigenschaften wird das Werfen und Fangen erschwert.

- Der Ball darf nur durch die Beine abgespielt werden.

# Kleine Spiele für die Großen

# 7-m-Brennball

– Idee: Rouven Mederer –

## Material:

- 1 Handballtor
- Markierungsband
- Pylonen als Spielfeldmarkierung
- Handball oder Gymnastikball

## Spielvorbereitung:

Das Spielfeld wird, ähnlich wie beim klassischen Brennball, abgesteckt. Es werden jedoch keine Matten, sondern Pylonen verwendet. Am Spielfeldende neben der Startzone wird ein Handballtor aufgestellt und davor in 7 m Abstand mit Markierungsband die Strafwurflinie abgesteckt. In der Startzone liegt der Spielball.

## Spielablauf:

Zwei Mannschaften spielen gegeneinander. Eine Mannschaft verteilt sich innerhalb des Spielfeldes und stellt ihren ersten Werfer an der 7-m-Linie auf. Die andere Mannschaft steht in der Startzone am ersten Hütchen und stellt ihren ersten Torwart ins Tor. Der erste Spieler wirft den Ball ins Spiel und versucht, alle Hütchen zu umrunden. Schafft er das, bekommt die Mannschaft einen Punkt.

Die Mannschaft im Innenfeld versucht, den Ball so schnell wie möglich zu ihrem Spieler an der 7-m-Linie zu werfen. Der versucht, ein Tor zu erzielen. Trifft er, bevor der Läufer das letzte Hütchen umrundet hat, bekommt die Mannschaft des Läufers keinen Punkt. Nach jedem Wurf werden Torwart und Schütze gewechselt. Jeder Spieler darf nur 1 x im Durchgang laufen. Gewonnen hat die Mannschaft, die mehr Punkte erzielt hat.

# KLEINE SPIELE FÜR DIE GROßEN

## VARIATIONEN:

- Der Läufer umrundet so lange das Spielfeld, bis ein Tor gefallen ist und kann auch zwei oder drei Punkte erzielen. Es besteht auch die Möglichkeit, die umrundeten Pylonen zu zählen.
- Um es der Mannschaft im Spielfeld zu erschweren, können Extraaufgaben eingebaut werden. Z. B. muss die komplette Mannschaft zusammenkommen und den Ball 1 x durch alle Beine spielen. Der letzte Spieler ist dann automatisch der Schütze an der 7-m-Linie.
- Statt mit einem Handball auf das Tor zu werfen, kann auch mit einem Fußball geschossen werden.
- Es laufen mehrere Spieler (2-4) gleichzeitig. Spieler, die nicht das Ziel erreichen, scheiden aus. Wenn alle Spieler der Läufermannschaft ausgeschieden sind, wird gewechselt.
- Bei kleinen Kindern kann die Strafwurflinie auch auf 5 m vorverlegt werden.

**KLEINE SPIELE FÜR DIE GROSSEN**

# LAST MAN STANDING

*– Idee: Rouven Mederer –*

## MATERIAL:

- Pylonen als Spielfeldmarkierung
- 4 Softbälle (bei größeren Gruppen 6-8)

**Empfohlene Gruppengröße:** 14-30 Kinder

## Spielvorbereitung:

Ein Spielfeld wird entsprechend der Gruppengröße mit Pylonen abgesteckt. Zwei Spieler stehen an den kurzen Außenlinien (siehe Zeichnung) und bekommen jeweils zwei Bälle. Sie dürfen sich nur entlang dieser Linie bewegen. Alle anderen Kinder sind im Spielfeld.

## Spielablauf:

Auf das Startsignal hin versuchen die Außenspieler, die Kinder im Spielfeld abzuwerfen. Wer getroffen ist, muss aus dem Spielfeld heraus und darf hinter der Linie versuchen, die anderen mit abzuwerfen. Der Spieler, der zuletzt im Feld steht, hat das Spiel gewonnen.

## Variationen:

- Fängt ein Spieler einen Ball, darf er im Spiel bleiben.
- Die Außenspieler dürfen sich frei um das Spielfeld bewegen.
- Es gibt 1-2 Bodyguards, die nicht abgeworfen werden können. Ihre Aufgabe ist es, die anderen Spieler zu schützen.

KLEINE SPIELE FÜR DIE GROẞEN

# ALASKA-BASEBALL

– Idee: Susanne Opitz –

## MATERIAL:

- einen weichen Gymnastik- oder Softball
- Turnstab
- Abschlagmarkierung

## SPIELVORBEREITUNG:

Es werden zwei Mannschaften gebildet. Die eine Mannschaft sitzt im Grätschsitz hintereinander, sie ist die Werfermannschaft. Die andere Mannschaft verteilt sich in der Halle. Sie sind die Fänger.

## SPIELABLAUF:

Der erste Spieler der Werfermannschaft ist der Schläger. Er stellt sich mit dem Turnstab in der Hand an die Abschlagmarkierung, um zu verhindern, dass er beim Wurf die Sitzenden trifft. Der letzte dieser Mannschaft steht ebenfalls. Er ist der Werfer und hat die Aufgabe, dem Schläger den Ball zuzuwerfen.

Sobald der Schläger den Ball getroffen hat, übergibt er den Schläger an die in der Reihe Sitzenden und beginnt, Runden um seine Mannschaft zu laufen. Diese werden laut mitgezählt.

In der Zwischenzeit versuchen die Fänger, den Ball zu fangen. Alle

## KLEINE SPIELE FÜR DIE GROßEN

Mannschaftsmitglieder stellen sich hintereinander auf. Der Ball wird von vorne über Kopf nach hinten übergeben. Ist er dort angekommen, wird er unter den Beinen nach vorne zurückgegeben.
Solange die Fängermannschaft damit beschäftigt ist, läuft der Schläger Runden um seine Mannschaft.

Nach einer festgelegten Zeit (z. B. acht Minuten) wechseln die Mannschaften.

# Kreativecke

Nicht nur Bälle sind zum Werfen und Fangen geeignet. Auch aus alten Socken können Fluggeräte gebastelt werden.

Flatterbälle, wie sie auf Seite 87 vorgestellt werden, lassen sich besonders gut im Freien werfen, denn im Wind sieht ihr wehender Schweif besonders schön aus.

Spiel- und Übungsformen mit dem U-Tube sind auf den Seiten 25-27 bereits vorgestellt worden. Hier wird gezeigt, wie man das Gerät schnell selbst bauen kann.

# KREATIVECKE

# FLATTERBALL

– Idee: Susanne Opitz –

## MATERIAL:

- Tennisbälle
- Plastiktüten
- Klebeband (zum Beispiel Isolierband)
- Teppichmesser
- Schere

## BASTELANLEITUNG:

Die Plastiktüten werden in lange Streifen geschnitten. Dann wird in den Tennisball ein Schnitt gemacht. In diesen werden die Tütenstreifen gesteckt. Anschließend wird der Tennisball mit dem Klebeband umwickelt.

Fertig ist der Flatterball!

**KREATIVECKE**

# U-TUBE

– Idee: Rouven Mederer –

## MATERIAL:

- Drainagerohr, pro U-Tube ca. 90-100 cm
- Kabelbinder
- Schere

## BASTELANLEITUNG:

Das Drainagerohr wird zu einem U gebogen. Jetzt werden mehrere (in der Regel genügen drei lange) Kabelbinder aneinandergesteckt. Sie werden kurz vor den beiden Enden des Rohrs um das U-Tube gelegt und miteinander verbunden.

Für das Spielen benötigt man einen festen Ball, z. B. einen Bocciaball, Tennisball oder Hartplastikball.

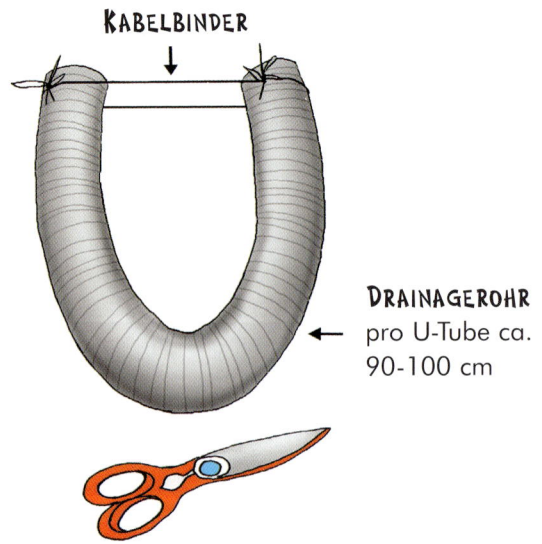

# Monster-Sockenbälle

– Idee: Daniela Schmidt –

## Material:

- alte Socken (ohne Löcher!)
- je eine kleine Schüssel Mehl, Sand, Erbsen und Reis
- evtl. Gefrierbeutel
- evtl. Klebeunterlage, Wollreste, Kleber und Wackelaugen

## Bastelanleitung:

Die Kinder befüllen ihre Socke mit einem der verschiedenen Materialien. Nun wird die Socke zugebunden und am Ende abgeschnitten. Hierbei gibt die Übungsleiterin gegebenenfalls Hilfestellung. Wer möchte, kann seine Socke mit Wackelaugen und Stoffresten verzieren. Fertig ist der Sockenball!

**KREATIVECKE**

**TIPP:** Wenn die Kinder die Socken mit Mehl oder Sand befüllen, sollten sie dies in einen Gefrierbeutel füllen und diesen in die Socke stecken, damit die feinen Körnchen nicht aus der Socke rieseln!

## VARIANTE:

Auch Kniestrümpfe können in ein Sockenmonster verwandelt werden. Das lange Ende des Strumpfs wird nach der Füllung nicht abgeschnitten. Nun bekommt die Socke noch Haare und Augen angeklebt.

# KNAUTSCHBÄLLE

– Idee: Daniela Schmidt –

## MATERIAL:

- drei Luftballons pro Kind
- Mehl oder feiner Vogelsand
- Trichter zum leichteren Befüllen
- evtl. wasserfeste Stifte zum Bemalen
- Scheren

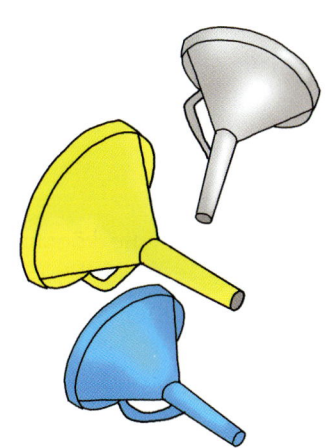

## BASTELANLEITUNG:

Zu Beginn schneidet jedes Kind von seinen Luftballons die Enden ab. Danach wird der erste Luftballon mit Mehl befüllt. Nun wird der zweite und dritte Luftballon über den ersten gezogen und fertig ist der Knautschball.

Wenn die Kinder möchten, können sie ihrem Ball eine eigene Note geben, indem sie ihm ein Gesicht zaubern.

## Kurzporträt des Autorenteams:

### Susanne Opitz ...

... arbeitet als (Sport-)Lehrerin an einer Grund-, Haupt- und Realschule in Mittelhessen. Neben dem Unterricht ist sie Lehrbeauftragte am Institut für Sportwissenschaft der Justus-Liebig-Universität Gießen für die Bereiche Sportförderunterricht und Bewegungserziehung. Darüber hinaus ist sie als Referentin in der Übungsleiter- und Lehreraus- und -fortbildung für verschiedene Institutionen tätig. Susanne ist die Redakteurin der PIPO-Reihe.

### Rouven Mederer ...

... studierte an der Justus-Liebig-Universität in Gießen Sportwissenschaft für das Lehramt an Haupt- und Realschulen. Jetzt ist Rouven als Haupt- und Realschullehrer an einer Gesamtschule in Mittelhessen tätig. Außerdem arbeitet er als Lehrbeauftragter am Institut für Sportwissenschaft der Justus-Liebig-Universität im Bereich der Schulpraktischen Übungen. Als langjähriger Handballtrainer für Kinder- und Jugendmannschaften hat Rouven viele Erfahrungen und Ideen rund um das Thema Bälle gesammelt.

### Daniela Schmidt ...

... ist Erzieherin und angehende Motopädagogin. Sie arbeitet in einer integrativen Kindertagesstätte in Mittelhessen. Darüber hinaus ist Daniela seit vielen Jahren im Bereich (Klein-)Kinderturnen als Übungsleiterin tätig. Seit einem Jahr bietet sie auch Übungsstunden im Bereich der Psychomotorik an.

## Heike Schnoor ...

... ist examinierte Physiotherapeutin, Übungsleiterin, Referentin – und nicht zuletzt Mutter. Durch ihre Tochter kam sie zum Kinderturnen, wo sie seit einigen Jahren Kinderturnkurse und Kinderturnstunden mit Kindern jeden Alters leitet. Seit 2005 arbeitet Heike an einem Projekt zur Prävention vor Adipositas, Bewegungsmangel und Herz- und Kreislauferkrankungen im Kindes- und Jugendalter mit.

## Alex Zöller ...

... hat an der Deutschen Sporthochschule in Köln studiert und ist Diplom-Sportlehrer. Derzeit arbeitet er als internationaler Jugendsportmissionar bei SRS Pro Sportler. Als Fußballer hat Alex viele Ideen rund um das Leder gesammelt.

# LITERATUR

Kröger, Christian & Roth, Klaus: *Ballschule – Ein ABC für Spielanfänger.* Verlag Karl Hofmann. Schorndorf 1991.

Lange, Anja & Sinning, Silke: *Neue und bewährte Ballspiele für Schule und Verein.* 1. Auflage. Limpert Verlag. Wiebelsheim 2007.

Moosmann, Klaus: *Kleine Aufwärmspiele.* Limpert Verlag. Wiebelsheim 2007.

# FITTE TURNKIDS!

Wo Sport Spaß macht
Gisela Stein
### Kinder und Eltern turnen

In einem knapp gefassten didaktischen Konzept wird das Fundament für ein lebendiges und fröhliches Bewegungsangebot gelegt.
Erstmals wird hier auch auf die altersbedingten Besonderheiten eingegangen, die zu unterschiedlichen Anforderungen an die Übungsleiter führen.

5., überarbeitete Auflage
184 Seiten, in Farbe
108 Abbildungen,
Paperback mit Fadenheftung
16,5 x 24 cm
ISBN 978-3-89899-477-4
€ [D] 16,95 / SFr 29,00 *

Gisela Stein
DTJ (Hrsg.)
### Kleinkinderturnen ganz groß

Kleinkinderturnen ist ein fröhliches, gesundes und an den Bedürfnissen der Kinder orientiertes Bewegungsangebot, das die Turnstunden zu erlebnisreichen Abenteuern werden lässt. Neben einem theoretischen Teil, der sich mit pädagogischen, didaktisch-methodischen und organisatorischen Grundlagen auseinander setzt, werden im praktischen Teil 1.001 Ideen für „Kleinkinderturnen mit Pfiff" bereitgehalten.

9. Auflage
168 Seiten, in Farbe
24 Farbfotos, 70 Abbildungen,
Paperback mit Fadenheftung 14,8 x 21 cm
ISBN 978-3-89899-252-7
€ [D] 16,95 / SFr 29,00 *

Wo Sport Spaß macht

Wilhelm Kelber-Bretz
**Fingerspiele**

152 Seiten, in Farbe
199 Fotos, 25 Abb., Paperback mit
Fadenheftung 14,8 x 21 cm
ISBN 978-3-89899-056-1
€ [D] 16,95 / SFr 29,00 *

weitere Titel der Reihe:

- Zaubern mit Kindern
  ISBN 978-3-89124-657-3

- Kinder machen Zirkus
  ISBN 978-3-89899-292-3

- Jonglieren und mehr
  ISBN 978-3-89124-943-7

\* Preise in SFr unverbindliche Preisempfehlung

# WWW.DERSPORTVERLAG.DE

## "Hier bewegt sich was" ist auch im Abo erhältlich!

# Bestellcoupon

Ich möchte „Hier bewegt sich was" ab der nächsten Ausgabe im Abonnement (vier Hefte jährlich) zum Preis von € 49,00 zuzüglich anteilige Porto- und Versandkosten beziehen. Das Abonnement gilt für ein Jahr. Es verlängert sich automatisch um ein Jahr zu den dann gültigen Bedingungen, wenn ich nicht sechs Wochen vor Ablauf der Abonnementslaufzeit kündige.

Name/Vorname

Verein/Kindergarten/Schule

Straße/Nummer

PLZ/Ort

Telefon

Datum

1. Unterschrift

Gewünschte Zahlungsweise

☐ Bequem und bargeldlos durch Bankeinzug

Konto-Nr.

BLZ

Geldinstitut

☐ gegen Rechnung

Mir ist bekannt, dass ich diese Bestellung innerhalb von einer Woche (Poststempel) schriftlich widerrufen kann.

Datum                    2. Unterschrift

**MEYER & MEYER VERLAG**

**DIESE UND VIELE WEITERE BÜCHER AUS UNSEREM PROGRAMM KÖNNEN SIE BESTELLEN:**

- online
  www.dersportverlag.de

- per E-Mail
  vertrieb@m-m-sports.com

- per Telefon/Fax
  02 41 - 9 58 10 - 13
  02 41 - 9 58 10 - 10

- per Post
  MEYER & MEYER Verlag
  Von-Coels-Str. 390,
  52080 Aachen